Kanzelbrücke Möhnesee

Das Sauerland – unerwartet entspannt

Radfahren im Sauerland – Das hörte sich bis vor wenigen Jahren wie eine Utopie an und war mit viel Schweiß und guten Bergauf-Qualitäten verbunden. Das Sauerland war traditionell eher ein Ziel für Mountainbiker und Rennradfahrer, die körperliche Herausforderung suchten. Und das ist es auch immer noch. Doch seit einigen Jahren wird die Mittelgebirgsregion im Herzen Deutschlands und in direkter Nachbarschaft zum Ruhrgebiet auch mehr und mehr zum Ziel für Tou-

Inhaltsverzeichnis:

renradler, die auf der Suche nach entspannten Radtouren mit geringen Höhenunterschieden sind. Und sie werden fündig!

Wo einst Eisenbahnen die Industrialisierung vorantrieben und Eisenerz, Schiefer und Holz transportierten, sind heute Radfahrer unterwegs. Sie erleben das „Land der tausend Berge" von einer anderen Seite: Steigungsarme Strecken, weite Panoramasichten und idyllische Fachwerkdörfer prägen das Bild entlang der zu Radwegen umgebauten ehemaligen Bahntrassen. Eisenbahntunnel, ehemalige Bahnhöfe, ausrangierte Loks, Bahnwaggons und Warnsignale sind außerdem Zeugen der belebten Bahnhistorie der Region.

Auf den Radfahrer wartet nicht nur ein dichtes Netz an ehemaligen Bahntrassen. Die Radexperten in der Region haben in den letzten Jahren zahlreiche Radrouten entwickelt, die die einzelnen Trassenstücke attraktiv mit einander verbinden.

Die Touren

Die hier vorgestellten Radrouten SauerlandRadring, Ruhr-Sieg-Radweg, MöhnetalRadweg und Pengel Anton-Radweg wurden in sinnvolle Tagesetappen unterteilt. Sie verlaufen zu großen Teilen auf ehemaligen Bahntrassen. Der Anteil der Strecke liegt dabei zwischen 23% (Tour 1) und 65% (Tour 6). Steigungen fallen hier mit bis zu 2,5% moderat aus. Die Touren haben eine Länge zwischen 26 Kilometern (Tour 3 B) und ca. 57 Kilometern (Tour 8). Das Schöne: Sie können miteinander zu Rundtouren (z. B. Tour 3 über den RuhrtalRadweg) kombiniert werden. Abseits der ehemaligen Bahntrassen fährt man hauptsächlich auf verkehrsarmen Abschnitten ohne nennenswerte Steigungen. Garniert werden die Tagestouren durch kurze Abstecher zu Besonderheiten und Innenstadttouren (z. B. in Soest).

Das Sauerland

Das Sauerland ist Teil des Rheinischen Schiefergebirges. Schiefer, Sandstein, Grauwacken und Kalkstein wurden hier gehoben und gefaltet. Seine höchsten Erhebungen hat das Sauerland im Rothaargebirge mit 843 Metern (Langenberg bei Olsberg). Wegen der vielen Berge wird es manchmal auch als „Land der tausend Berge" bezeichnet. Es ist geprägt durch eine Landschaft mit Buchen- und Fichtenwäldern.

Der Name „Sauerland" ist über die niederdeutsche Form Su(e)rland und Suderland hervorgegangen. In der frühen Neuzeit wurde der Name Sauerland üblich.

Das Sauerland ist eine alte Gewerberegion mit größtenteils mittelständischer Wirtschaftsstruktur, in der schon früh montanindustriell produziert wurde. Die Grundlage hierfür war die reichlich vorhandene Wasserkraft, Holz zur Kohleerzeugung und Erzgruben. Vor allem die immer stärkere Abholzung der Wälder hat aber am Ende des 18. Jahrhunderts die Eisenverarbeitung verteuert. Mit der Entwicklung der Bergbau- und Montanindustrie im Ruhrgebiet verloren die Standortfaktoren Wasser und Holz zusätzlich ihre Bedeutung. Die Relikte dieser „Industrieregion" können auch heute noch rechts und links der hier beschriebenen Radrouten besichtigt werden. Ehemalige Wassermühlen, Industriemuseen oder Besucherbergwerke laden zum Verweilen und Staunen ein. Heute prägt der Tourismus in einigen Teilen des Sauerlandes die Wirtschaftsstruktur. Neben dem Wintersport bietet das Sauerland einiges für Wanderer.

Doch wie gerade dieser Radführer zeigt, zeichnet sich das Sauerland mittlerweile auch insbesondere durch attraktive Radrouten aus. Und die führen eben nicht über die zahlreichen Berge, sondern können für so manchen unerwartet entspannt geradelt werden.

Wir hoffen, Ihnen mit diesem Werk Inspiration für eine Radtour im Sauerland gegeben zu haben und würden uns freuen, Sie mal auf einer der vielen Strecken zu treffen.

Daniel Wegerich und Bernhard Lubeley

An- und Abreise mit der Bahn

Bei den Starts an Bahnhöfen bietet sich die Hin- und Rückfahrt mit den Bahnen des VGWS und ZRL an:

Tour 1 + 2: RE 57 von Neheim bis Brilon-Stadt, RE 17 bis Brilon-Wald
Tour 3a + b: RE 17, RE 57 Neheim – Meschede – Brilon /Brilon-Wald
Tour 4: RE 1, RB 59, RB 89 bei Anreise nach Soest
Tour 5: RE 17, RE 57 bei Anreise nach Meschede
Tour 6 + 7: RE 16, RB 91 bei Anreise nach Finnentrop
Tour 8: Re 17, RE 57 bis Meschede, ab Kirchen zurück
Tour 9: RE 9, RB 95 bis Siegen, R 16, RB 95 bis Hagen, RB 92 bis Attendorn, R 17 bis Meschede
Tour 10: RB 25 bis Dieringhausen bzw. RB 92 bis Olpe

In den Mehrzweckabteilen aller Züge ist eine Fahrradmitnahme vorgesehen, wenn diese nicht zu voll sind. Die Mitfahrer brauchen nur ein Zusatzticket für ihr Rad pro Fahrt oder besser für den ganzen Tag.
Das neue Urlauber Ticket Sauer- und Siegerland ist der ideale Urlaubsbegleiter, wenn man nicht nur ganz Siegen-Wittgenstein und Olpe im VGWS-Verbundgebiet entdecken will, sondern auch Ausflüge in die benachbarten Regionen Hochsauerlandkreis, Kreis Soest oder den Märkischen Kreis (Verkehrsgebiet des Tarifraums Ruhr-Lippe). Infos unter **http://vgws.de/tarife/tickets/urlauberticket-sauer-und-siegerland/**

Die An- und Abreise mit der Bahn ist für Ihr Fahrrad in allen Nahverkehrszügen in den Kreisen Siegen-Wittgenstein und Olpe kostenlos!

In Gruppen bis zu fünf Personen könnte sich der Erwerb eines NRW-weiten Tickets lohnen. Weitere Informationen erhalten Sie bei der Bahn (0 18 05 / 99 66 33; 0,14 € pro Minute aus dem Festnetz) bzw. unter www.bahn.de/bahnundbike. Der Fahrgastverband PRO BAHN hilft kompetent und neutral bei speziellen Fragen oder Problemen (0203 / 398 16 98) bzw. unter **www.probahn-nrw.de**.

Alternativ besteht auch die Möglichkeit mit den Fahrradbussen von Soest R51, Lippstadt R61, Brilon R71 oder Soest-Neheim Sundern anzureisen. Nähere Infos unter: **www.rlg-online.de/inhalt.php?page=96**

Ergänzendes Kartenmaterial:

- **ADFC Regionalkarte Sauerland**, 1:75.000, ISBN: 978-3-87073-930-0
- **ADFC Regionalkarte Bergisches Land/Köln/Düsseldorf**, 1:75.000, ISBN: 978-3-87073-950-8
- **ADFC Radtourenkarte Ostwestfalen/Sauerland**, Blatt 11, 1:150.000, ISBN: 978-3-87073-556-2
- **ADFC Radausflugsführer Bergische Bahntrassen**, 1:50.000, ISBN: 978-3-87073-574-6
- **BVA Radwanderkarte Kreis Soest**, 1:50.000, ISBN: 978-3-96990-033-8

Regionalkarten auch als App für Smartphones und Tablets: www.fahrrad-buecher-karten.de/rk-digital

Kartenübersicht für Fernradfahrer

Panorama-Radwege
Mal eben hoch hinaus.

Aus den einzelnen Bahntrassenradwegen wurde von der Bergischen Enwicklungs-agentur und Dr. Achim Bartoschek (www.bahntrassenradeln.de) der Trassen-verbund der Panorama-Radwege entwickelt. Dieser Trassenverbund ist durch zwei ADFC-Radführer komplett abgedeckt (s. unten rechts).

Im Gegensatz zu der Tagesrundtouren-Übersicht in der vorderen Umschlagklappe sehen Sie hier nur exakt die Kartenseiten, die die Panorama-Radwege beinhalten: für die große Tour zwischen Rhein, Ruhr und Sieg!

- Bergischer Panorama-Radweg 133 km (davon 89 km auf alten Bahntrassen)
- Panorama-Radweg Niederbergbahn 40 km (davon 23 km auf alten Bahntrassen)
- Panorama-Radweg Balkantrasse 37 km (davon 21 km auf alten Bahntrassen)
- Ruhr-Sieg-Radweg 113 km (davon 37 km auf alten Bahntrassen)

Diese Karten sind in dem benachbarten Radführer "Alte Bahntrassen im Sauerland" enthalten.

Mit Ruhr-Sieg-Radweg + weiteren Bahntrassenradwegen (MöhnetalRadweg, SauerlandRadring, Bergischer Panoramaradweg von Marienheide bis Olpe), insg. 10 Touren.

Diese Karten sind in dem Ihnen vorliegenden Radführer enthalten.

Mit Niederbergbahn, Balkantrasse und Bergischem Panoramaradweg (incl. Nordbahntrasse) bis Olpe, insg. 11 Touren.

Zum Gebrauch des ADFC-Radausflugsführers

Der ADFC-Radausflugsführer besteht inhaltlich aus den jeweiligen Tourenvorschlägen und einem gesammelten Anhang mit Adressen von Touristinformationen, Fahrradwerkstätten und Bett+Bike-Übernachtungsbetrieben.

Jeder Tourenvorschlag besteht aus jeweils

- einer Tourenübersichtsseite,
- einer touristischen Tourenbeschreibung mit Informationen zu Sehenswürdigkeiten,
- einem Kartenteil mit dazu passenden, detaillierten Wegbeschreibungen.

Abgerundet wird alles durch den praktischen Komfort-Umschlag und die kostenlosen GPS-Track-Daten.

Tourenübersicht (je 1x proTour)

Diese Seite bietet Ihnen Kurzinfos zur jeweiligen Tour. Sie besteht aus einer Kartenskizze mit Kilometrierung und einer Übersichtstabelle mit Infos zu Tourenlänge, Anfahrt, Beschilderung, Wegbeschaffenheit und Steigungen.

Touristische Tourenbeschreibung (je 1x proTour)

Dieser Teil dient der Tourenvorbereitung bzw. -auswahl. Er beschreibt den Tourenverlauf in groben Zügen mit besonderem Augenmerk auf die Sehenswürdigkeiten entlang der Strecke. Er soll Ihnen einen Einblick geben, was diese Tour erlebenswert bzw. erfahrenswert macht.

- Der Text ist übersichtlich nach Orten und Sehenswürdigkeiten strukturiert. Die roten Sehenswürdigkeits-Nummern bilden dabei die perfekte Orientierung und Verbindung zu Karten und Wegbeschreibungen (s.u.).
- Informationen zum Routenverlauf sind hier bereits skizziert – für Details gibt es den folgenden Abschnitt zu jeder Tour:

Kartenteil + Wegbeschreibung (je 1x pro Tour)

Dieser Teil dient der optimalen Orientierung und Navigation während der Tour. Die hier platzierten exakten Karten 1:50.000 (Stadtpläne 1:15.000) und detaillierten Wegbeschreibungen sind **immer innerhalb einer Doppelseite passend zueinander angeordnet.** Somit entfällt lästiges Hin- und Herblättern zwischen Karte und Wegbeschreibung! In die meisten handelsüblichen Lenkertaschenhüllen passt der Radausflugsführer im aufgeschlagenen Zustand.

Damit Sie nicht an den naheliegenden Sehenswürdigkeiten vorbeiradeln, sind diese nochmals in der Wegbeschreibung aufgeführt. Anhand der roten Sehenswürdigkeits-Nummer 1 können Sie gezielt im touristischen Tourenbeschreibungsteil (s.o.) die dazugehörenden Informationen nachschlagen.

- Die Farbe der Radroute stellt deren Status dar: rot = Hauptroute, orange = Varianten und Abstecher.
- Die Form der Radrouten-Linie stellt die Wegeoberfläche und die Kfz-Belastung dar (stark, mäßig oder wenig/gar nicht befahren, Asphalt, Waldwege, schlechte Oberfläche – siehe Legende).
- Die Hauptroute ist in Karte und Wegbeschreibung mit einer fortlaufenden Kilometrierung versehen.
- Sowohl Haupt- als auch Nebenrouten sind mit Steigungspfeilen versehen.
- Die Übernachtungsbetriebe, die nach den strengen Bett+Bike-Richtlinien des ADFC zertifiziert sind, sind in der Karte mit Symbol und Nummer dargestellt (1), anhand derer sich der Betrieb im Übernachtungsverzeichnis (s.u.) wiederfinden lässt.

- Schwarze Nummern ❶ (Orientierungspunkte) verbinden Wegbeschreibung und Karte.
- Rote Nummern ❶ (Sehenswürdigkeitspunkte) weisen darauf hin, dass diese Sehenswürdigkeiten in der touristischen Tourenbeschreibung (s.o.) näher beschrieben werden.

Adressverzeichnis

Hier finden Sie Adressen von Touristinformationen, Fahrradwerkstätten und Übernachtungsbetrieben.

Das Übernachtungsverzeichnis beinhaltet Adressen, Telefonnummern, Internetadressen und Preiskategorien. Die Quartiere sind sortiert nach Orten. Handelt es sich bei einem Quartier um einen Bett+Bike-Betrieb, ist dieser zusätzlich mit einem entsprechenden Symbol und einer Nummer (1) gekennzeichnet – ein schnelles Wiederfinden in der Karte garantiert. Wir empfehlen immer, vorm Ansteuern eines Übernachtungsquartiers dort anzurufen, da hin und wieder Betriebe ausgebucht sind oder nicht mehr existieren.

Komfort-Umschlag

Der Umschlag des ADFC-Radausflugsführers verfügt über zwei praktische Klappen mit oft benötigten Informationen – vor und während Ihrer Tour:

- Obere Umschlagklappe mit Tourenübersicht: diese dient der großräumigen Orientierung. Hier sind alle Touren sowie Bahnhöfe und wichtige Sehenswürdigkeiten eingetragen.
- Untere Umschlagklappe mit Kartenlegende. Hier ist die Zeichenerklärung jederzeit schnell zu finden – und kann auch als praktisches Lesezeichen verwendet werden!

GPS-Track-Download

Mit dem Code **BASAU-02-036-492-RA** können Sie sich unter **www.fahrrad-buecher-karten.de** die zum Radführer passenden gpx-Tracks kostenlos herunterladen.

Musterkartenausschnitt

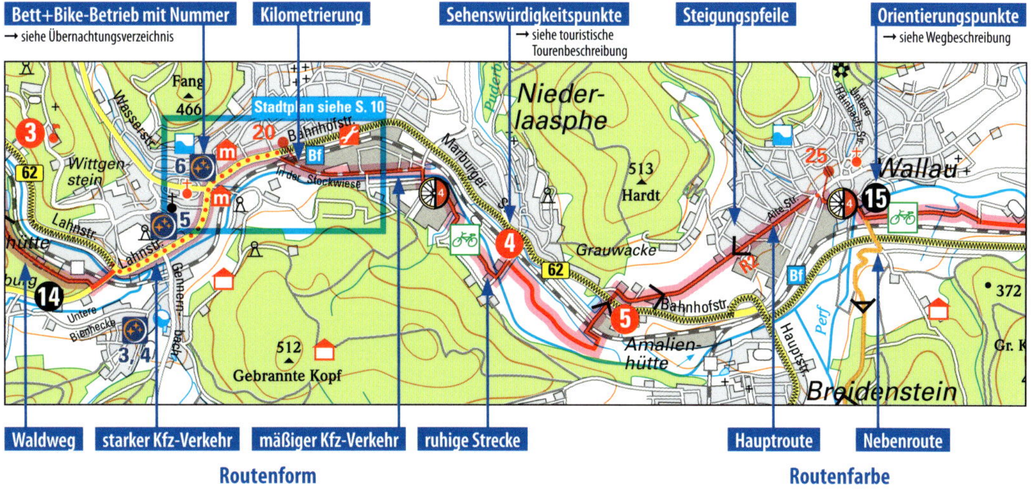

Stütings-Mühle Belecke

Tour 1
MöhnetalRadweg von Brilon bis zum Möhnesee

Diese Tour beginnt in der Hansestadt Brilon und führt anfangs auf dem Bahntrassenradweg entlang des Flüsschens Möhne fast steigungsfrei immer talwärts. Entlang der historischen Stadt Rüthen, die auf dem Bergrücken des Haarstrangs rechts der Möhne liegt, öffnet sich das Tal. Herrliche Wiesenlandschaften werden durchfahren bis Belecke mit seiner historischen Altstadt. Wieder führt uns eine Bahntrasse immer am Flüsschen Möhne entlang bis zum landschaftlichen Höhepunkt, dem Möhnesee.

Tour 1	Tourinformationen
Start/Ziel	Bahnhof Brilon Bf / Parkplatz Bahnhofstr. in Wamel östlich des Möhnesees(Nordufer)
Länge/Varianten	38,4 km, Bahntrassenanteil 22,7 km / 60%, (2,5 km Abstecher Altstadt Brilon)
Ausschilderung	Radnetz NRW, MöhnetalRadweg, Pengel-Anton-Radweg
Wegbeschaffenheit	durchgehend asphaltiert, straßenbegleitende Radwege, kleine Wirtschaftswege, Bahntrasse
Steigungen	1 leichter Anstieg vor Rüthen

Übersicht

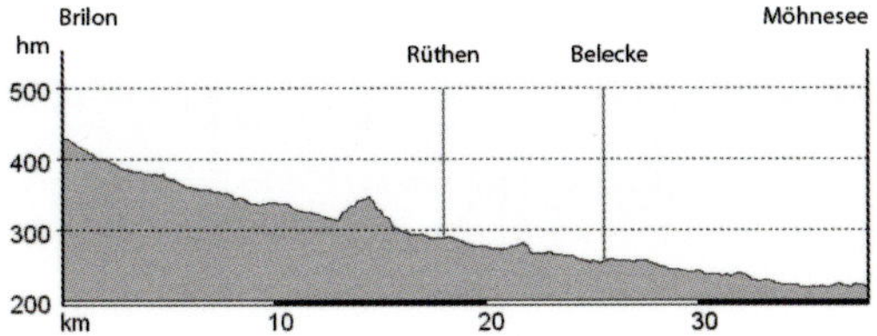

__DIE TOUR BEGINNT__ am Bahnhof Brilon Bf. Gleich zu Beginn empfiehlt sich ein Abstecher in die Briloner Altstadt.

Die 973 erstmals erwähnte Hansestadt **Brilon** ist die ehemalige Hauptstadt des Herzogtums Westfalens.

Brilon, Marktplatz

❶ Marktplatz mit historischem Rathaus

Das Rathaus aus dem 13. Jahrhundert ist eines der ältesten Rathäuser Deutschlands. Sein Glockenspiel zeigt um 11, 15 und 17 Uhr Szenen des Schnadezugs, der Grenzbegehung, die seit 1388 belegt ist. Während der Blütezeit der Hanse, diente das Gebäude als Gildehaus, in dem heimische Handwerker ihre Waren anboten. Einem Umbau, ca. 1755, verdankt das Rathaus seine heutige stilvolle Barock-Fassade.

❷ Katholische Pfarrkirche St. Petrus und Andreas

Mit dem Bau wurde kurz nach der Stadtgründung Brilons zwischen 1220 und 1250 begonnen. Sie ist den Aposteln Simon, Petrus und Andreas geweiht. Als spätromanische dreischiffige Hallenkirche erbaut wurde sie 1925 zur Probsteikirche erhoben.

Brilon Derkerer Tor

❸ Stadttor/Derkerer Tor

Das ist das letzte von vier mittelalterlichen Stadttoren, die Bestandteil einer großen Befestigungsanlage waren. Das Derkerer Tor ist nach der Wüstung Dederinghausen benannt worden. Teile der Stadtmauer sind noch in der Oberen Mauer, der Derkeren Mauer und der Niederen Mauer zu sehen.

*Der erste Abschnitt führt über die Trasse der Möhnetalbahn durch Wiesen und Auen, bevor ein vom Sturm Kyrill stark beschädigtes Waldstück durchradelt wird. Einen Abstecher ist das südlich der Kernstadt **Rüthen** gelegene Bibertal wert.*

4 Biberbad

Das Biberbad ist ein Freibad und liegt idyllisch eingebettet im Bibertal. Besonders hervorzuheben ist die temperierte Wärmehalle, der Wildwasserkanal, die Riesen- und Breitrutsche, sowie für die ganz Kleinen das Kaskaden-Planschbecken.

Öffnungszeiten: während der Sommerferien NRW Mo. - So. 9.00 Uhr - 20.00 Uhr, außerhalb der Sommerferien NRW Mo. - Fr. 10.30 Uhr - 19.30 Uhr, Sa., So., Feiertage 9.00 Uhr - 20.00 Uhr

Rüthen liegt auf einer Anhöhe ca. 70 Meter über der Talsohle. Wer die Höhenmeter nicht scheut, sollte einen Abstecher wagen. Im Jahr 1200 wurde die alte Berg- und Hansestadt Rüthen durch den Kölner Erzbischof Adolf I. gegründet.

5 Wasserturm

Der Rüthener Wasserturm wurde im Jahre 1909 am höchsten Punkt der Altstadt am Rande der südlichen Stadtmauer errichtet. Er ist insgesamt 35,90 m hoch und verfügt über eine Aussichtsgalerie. Er bietet eine tolle Übersicht in die Umgebung.

Hist. Eisenbahnwaggons Sichtigvor

❻ Jüdischer Friedhof

Die jüdische Begräbnisstätte in Rüthen ist als solche der älteste, original erhalten gebliebene Friedhof in Westfalen, auf dem die Grabstätten zwischen 1625 und 1958 angelegt wurden. Er befindet sich im ehemaligen Festungsgraben unmittelbar an der Stadtmauer.

❼ Hachtor

Das Hachtor stammt aus dem 14. Jahrhundert. Es ist das letzte von ursprünglich vier Stadttoren, das noch erhalten ist. Das Tor diente über Jahrhunderte auch als Gefängnis. Vom Hachtor aus verläuft um die gesamte Altstadt die ca. 3 km lange historische Stadtmauer. Entlang führt ein fast ebener Wanderweg.

*Durch Wiesen und Felder schlängelt sich der Radweg weiter bis **Warstein-Belecke**.*

❽ Altstadt

Ein kurzer Abstecher in die Altstadt lohnt sich. Große Teile wurden bei einem Stadtbrand im Jahr 1805 zerstört. Belecke wurde danach nach Anweisung der seinerzeitigen hessischen Regierung mit breiten Straßen angelegt, welche sich rechtwinklig kreuzen. Die Fachwerkhäuser sind überwiegend einheitlich mit der Giebelseite zur Straße und der Querdeele zum Hof hin gebaut worden. Heute steht ein Großteil der restaurierten Gebäude unter Denkmalschutz. Sehenswert ist auch das **Stadtmuseum Schatzkammer Propstei**.

❾ Stütings Mühle ✿

ist eine Korn- und Sägemühle, die von 1307 bis 1963 als solche genutzt wurde. Das Mühlrad ist das einzige mit Wasserkraft angetriebene Horizontalgatter im Sauerland und wurde schön restauriert. Heute befindet sich hier in einem Nachbargebäude die Stadtbibliothek der Stadt Warstein.

Weiter befahren wir die waldreiche Trasse der Möhnetalbahn in Richtung Möhnesee. Dabei kreuzen wir immer wieder die Möhne.

❿ Alter Bahnhof Sichtigvor

Hier warten direkt am Radweg einige historische Eisenbahnwaggons, die auch von Mai bis September sonntags bei schönem Wetter von 15 - 17 Uhr oder nach Anfrage besichtigt werden können.

Nach einigen weiteren Kilometern gelangen wir zum Ende der Etappe an den

⓫ Möhnesee

Die Möhnetalsperre ist einer der größten Stauseen Nordrhein-Westfalens und der größte im Sauerland. Sie wurde in den Jahren 1908 bis 1913 erbaut und am 12. Juli 1913 vom Ruhrtalsperrenverein eingeweiht. Im Jahr der Einweihung war die Talsperre die größte Stauanlage in Europa. Sie hat ein Fassungsvolumen von rund 134,5 Millionen m^3 Wasser, ist über zehn Kilometer lang und dient dem Hochwasserschutz und der Stromerzeugung aus Wasserkraft. Vorrangiges Ziel ist die Niedrigwasseraufhöhung der Ruhr, in die das Wasser der Talsperre über den Unterlauf der Möhne und den Zusammenfluss in Neheim gelangt. Die Regulation des Wasserstands der Ruhr garantiert eine gleichmäßige Versorgung des Ruhrgebiets mit Roh- und Brauchwasser.

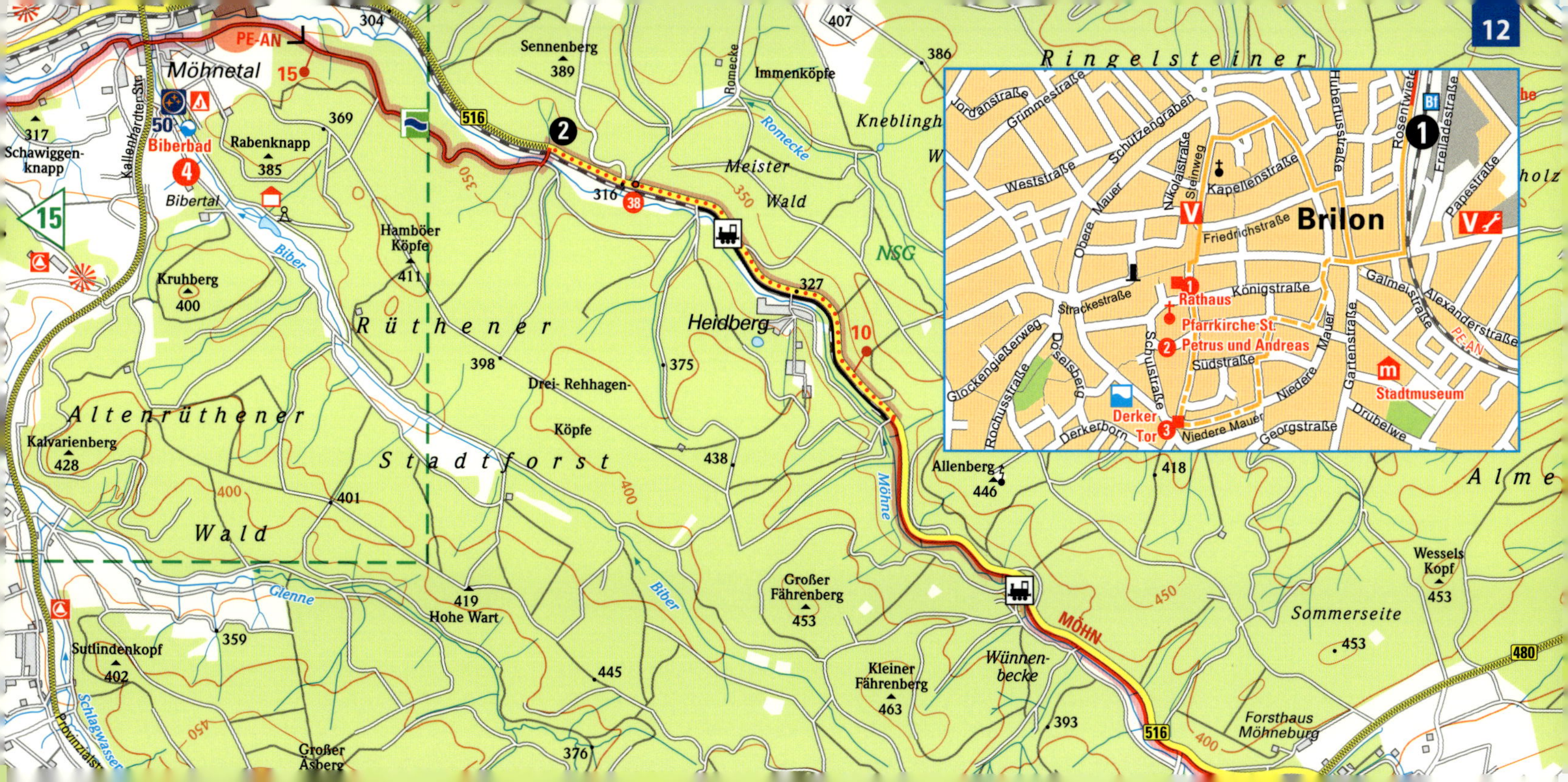
Möhnetal
PE-AN
15
304
Sennenberg
389
407
386
Ringelsteiner
Immenköpfe
Romecke
Kneblingh
516
2
369
Rabenknapp
385
317
Schawiggen-knapp
Kallenhardter Str.
50
Biberbad
4
Bibertal
15
Meister
Wald
350
316
38
Hamböer Köpfe
411
Biber
Kruhberg
400
NSG
327
Heidberg
10
Rüthener
398
375
Drei- Rehhagen-
Köpfe
Altenrüthener
Kalvarienberg
428
Stadtforst
438
400
401
Wald
Allenberg
446
418
Möhne
Alme
Großer Fährenberg
453
419
Hohe Wart
Glenne
Biber
359
Sutlindenkopf
402
445
Kleiner Fährenberg
463
Wünnen-becke
393
376
Großer Asberg
Schlagwasser
Provinzialstr.
450
MÖHN
Wessels Kopf
453
Sommerseite
453
480
Forsthaus Möhneburg
Jordanstraße
Grimmestraße
Schützengraben
Weststraße
Obere Mauer
Nikolaistraße
Steinweg
Kapellenstraße
Hubertusstraße
Rosenwiete
Freiladestraße
Papestraße
Bf
1
holz
Brilon
Friedrichstraße
V
1 Rathaus
Königstraße
Strackestraße
Galmeistraße
Alexanderstraße
PE-AN
Pfarrkirche St.
2 Petrus und Andreas
Südstraße
Niedere Mauer
Gartenstraße
Glockengießerweg
Döselsberg
Schulstraße
Stadtmuseum
Rochusstraße
Derkerborn
Derker Tor
3
Georgstraße
Drübelwe

Wegbeschreibung

km **Abstecher Altstadt Brilon (2,5 km)**

❶ Start **Bahnhof Brilon** Bf → ***links*** in die historische Altstadt über die *Bahnhofstr.* → ***rechts*** in *Keffelker Str.* → ***rechts*** in *Hubertusstr.* → ***links*** in *Friedrichstr.* → ***rechts*** in *Kreuziger Mauer* → ***links*** in *Franziskusstr.* → ***links*** in *Steinweg* bis zum **1 Marktplatz mit histor. Rathaus** ***geradeaus*** in *Derkerestr.* vorbei an **2 Probsteikirche** bis zum **3 Derkerer Tor** → ***links*** in *Niedere Mauer* → ***links*** in *Kattenhagen*, → ***rechts/links*** in *Niedere Gasse* → ***rechts*** in *Niedere Str.* → ***links*** in *Gerberstr.* → ***rechts*** in *Bahnhofstr.*, vor Bahnübergang → ***links*** zum Bahnhof

❶ Start **Bahnhof Brilon** Bf → ***rechts*** durch *Bahnhofstraße* → leicht ***rechts*** in *Altbriloner Str.* → sofort ***links*** auf den Radweg, nach Querung Ostring ***rechts*** runter zur *Str. Bleikaule* separ. Radweg folgen → hinter der Firma ***links*** hoch dann ***rechts*** dem **Bahntrassenradweg** folgen

13 ❷ nach 13 km ***links/rechts*** durch den Wald bis Möhnetal.

Abstecher 4 Biberbad ***links*** in *Danziger Str.* → nach Querung der Landstraße ***geradeaus***, → ***rechts*** die Firma umfahren → immer ***geradeaus.***

Brilon, Marktplatz mit Rathaus und Probsteikirche

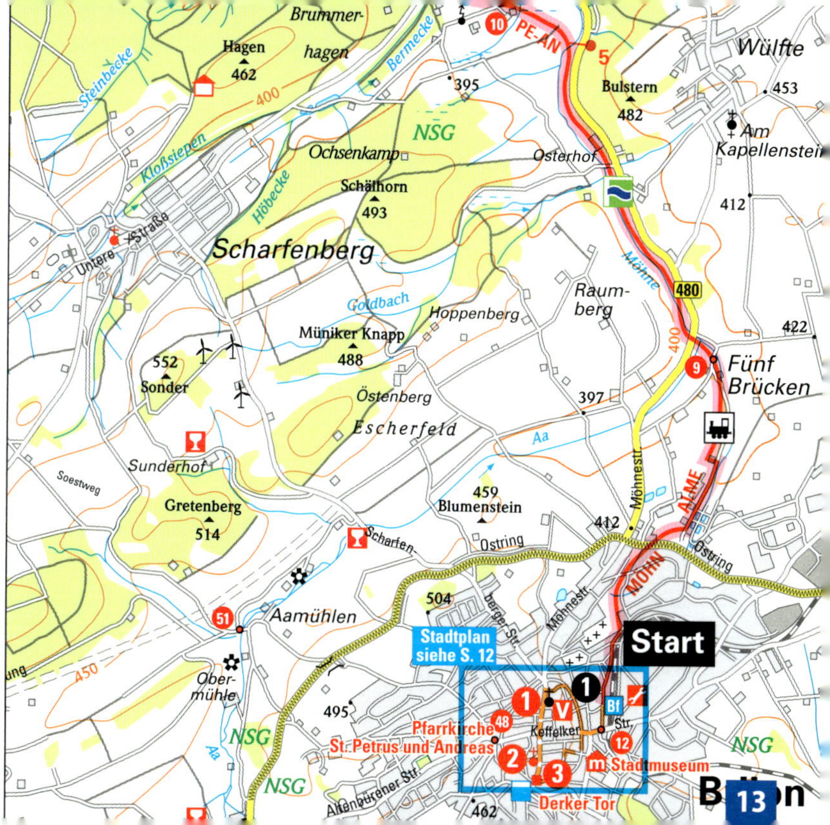

Wegbeschreibung

km

Bei Kilometer 17,9 (Knotenpunkt 37) zweigt der **Abstecher nach Rüthen *rechts*** ab. Folgen Sie 2,5 km der roten NRW-Radnetzbeschilderung. Besuchen Sie den 5 Wasserturm, den 6 Jüdischen Friedhof und das 7 Hachtor mit Stadtmauer.

19 ❸ Bei der nächsten Landstraße kurz ***links***, dann Straße queren und ***geradeaus*** weiter bis Belecke → kurz hinter den Sportplätzen ***rechts*** in *Pietrapala-Platz*, dann ***links*** in die *Poststraße*, ***rechts*** in *Wilkeplatz* und ***links*** in die *Bahnhofstraße*.

Abstecher nach Belecke, sofort wieder ***links*** in die 8 Altstadt von Belecke mit Stadtmuseum Schatzkammer Propstei.

Vorbei an der 9 Stütings Mühle ✿ dann über den Bahnübergang und die Kreuzung ***geradeaus*** in *Zum Horkamp*, wieder die Gleise überqueren → ***geradeaus*** in den *Sellerweg*,

25 ❹ hinter der Schützenhalle ***rechts*** in den *Grabenweg*, dann dem **Bahntrassenradweg** folgen.

MöhnetalRadweg bei Rüthen

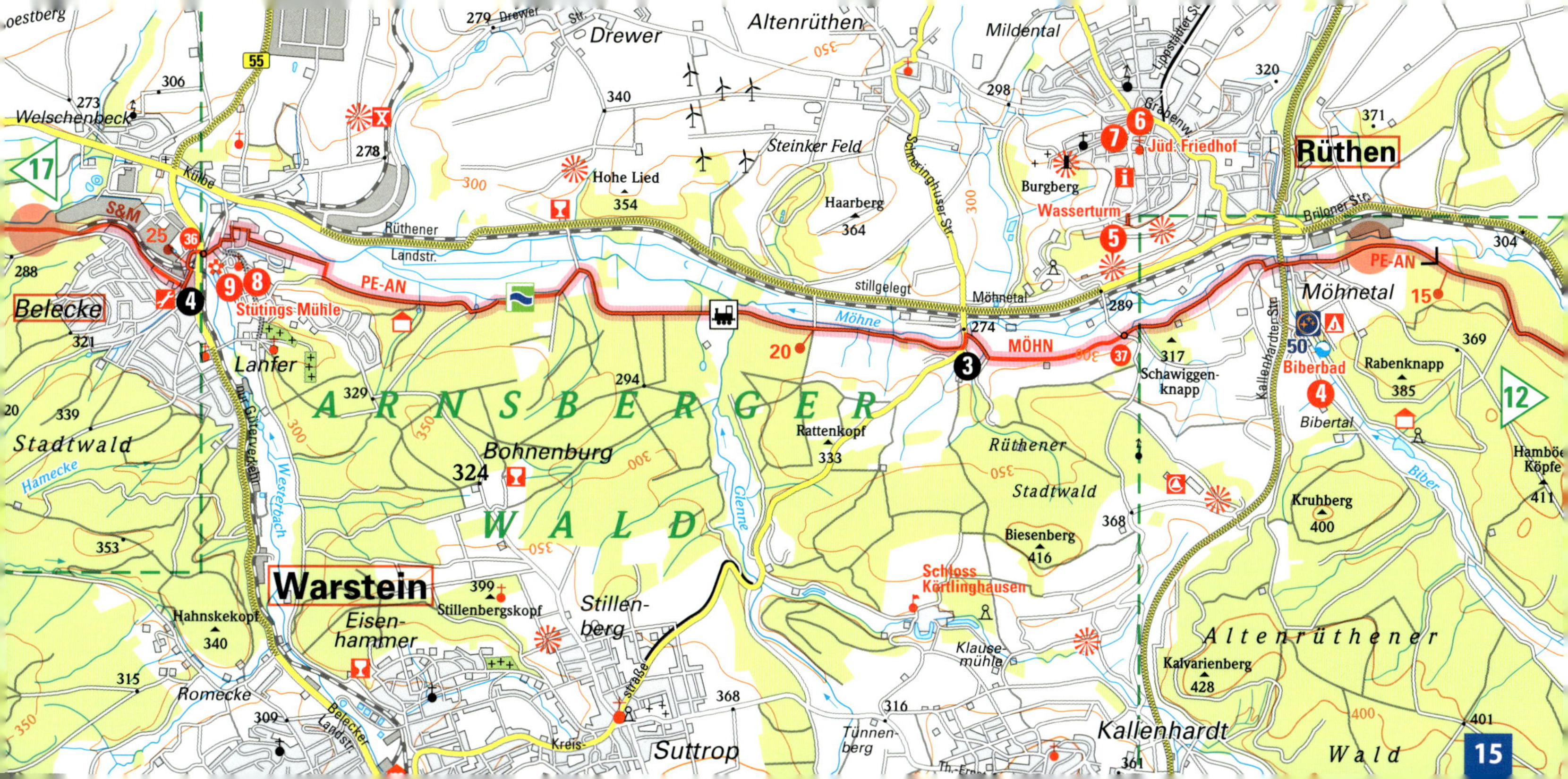

Altenrüthen
Drewer
Mildental
Rüthen
Belecke
Welschenbeck
Steinker Feld
Hohe Lied
Haarberg
Burgberg
Jüd. Friedhof
Wasserturm
Stütings Mühle
Lanfer
PE-AN
MÖHN
Möhne
Möhnetal
Biberbad
Bibertal
Rabenknapp
Schawiggen-knapp
ARNSBERGER
WALD
Stadtwald
Bohnenburg
Rattenkopf
Rüthener Stadtwald
Biesenberg
Schloss Körtlinghausen
Klause-mühle
Kruhberg
Kalvarienberg
Altenrüthener Wald
Warstein
Eisen-hammer
Stillenbergskopf
Stillen-berg
Hahnskekopf
Romecke
Suttrop
Tünnen-berg
Kallenhardt
Rüthener Landstr.
stillgelegt
Belecker Landstr.
Kreis-straße
Briloner Str.
Kallenhardter Str.
Lippstädter Str.
Grabenw.
Külbe
Westerbach
Glenne
Hamecke
Biber
Hamböer Köpfe
S&M
17
12
15

Wegbeschreibung

km 36

Am ⑩ Alten Bahnhof Sichtigvor Richtung Möhnesee.
❺ hinter Völlinghausen ***links*** in Zum Wildpark, dann ***rechts*** über **Möhneufer** bis zur **Kanzelbrücke**, dort ***rechts*** über die Brücke bis zur Straße, diese queren, → nach ***links*** abseits der Straße dem Radweg folgen bis zum **Parkplatz in Wamel** am Ende des ⑪ Möhnesees. Hier **endet die Tour 1** und beginnt die **Tour 2**.

Am Parkplatz beginnt auch die Tour 4 Richtung Soest.
Sie können Tour 1 und 4 kombinieren und z.B. in Soest übernachten oder den Bahnhof Soest anfahren – oder fahren die komplette Tour 4 wieder zum Möhnesee.

Hist. Eisenbahnwaggons Alter Bahnhof Sichtigvor

Echtrop
Wamel
Berghof
Völlinghausen
Blomenhof
Golf-
platz
Köbbinghof
Eickhoff
Kanzelbrücke
Im Möhnetal
Nieder-
bergheim
Oberbergheim
Westendorf
Sichtigvor
Berghoff
Allagen
Mülheim
Gut
Mülheim
Welschenbeck
Waldhausen
Tommeshof
Taubeneiche
Soestberg
Belecke
Stadtwald
Ochsenrücken
Haus Bockholt
Höhenweg
Wurzelberg
Gröblinghof
Asshof
Tappen-
hof
Linhof
Haarhöfe
Echelnpöten
Niederbergheimer Str.
Bördestr.
Sauerlandstraße
Möhnestraße
Mülheimer
Str.
Pater-Nikodemus-
Str.
Lippstädter
Str.
Hammerbergstr.
H.-Kätelhön-Str.
Möhne
Wanne
Merpke
Hamecke
Romecke
Quameck
MÖHN
S&M
516
15
17

Möhnesee Staumauer

Tour 2
Vom Möhnesee bis zur Ruhr

Fortsetzung MöhnetalRadweg

Die Tour beginnt am großen Parkplatz gegenüber vom Strandbad Uferlos. Wir fahren entlang des belebten Südufers und haben immer wieder tolle Ausblicke zum Nordufer mit dem Haarstrang im Hintergrund. Ab der Delecker Brücke kehrt Ruhe ein. Der Uferradweg führt durch den Arnsberger Wald und entlang des Naturschutzgebietes Hevearm-Hevesee am Möhnesee.

Tour 2	Tourinformationen
Start/Ziel	Parkplatz Bahnhofstr. in Wamel östlich des Möhnesees (Nordufer) / Bahnhof Neheim / Bf
Länge/Varianten	35,5 km
Ausschilderung	Radnetz NRW, MöhnetalRadweg
Wegbeschaffenheit	durchgehend asphaltiert bis Neheim, bis Ruhrmündung 1,5 km Waldweg, straßenbegleitende Radwege, Nebenstraßen
Steigungen	geringe Steigungen am Möhnesee

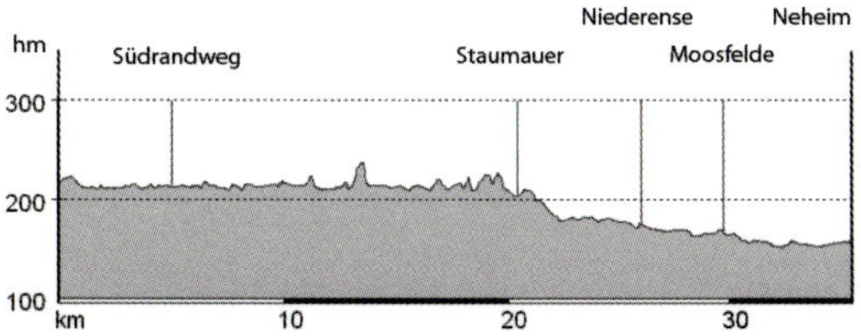

Wir erreichen die imposante Staumauer, die als das schwerste Baudenkmal Nordrhein-Westfalens gilt, und nach 15 km bei Neheim die Mündung der Möhne in die Ruhr.

Übersicht

DIE TOUR BEGINNT am Parkplatz bei Wamel und führt uns auf dem Weg zum Südufer des Möhnesees über die steinerne

1 Kanzelbrücke

Die Brücke wurde im Jahr 1912 erbaut, ist 60 Meter lang und führt über fünf gewölbte Bögen. Sie überquert den Zufluss der Möhne in den Stausee. Ihren Namen verdankt sie der Form ihrer Brückenpfeiler, die ähnlich wie Kirchenkanzeln geformt sind.

Weiter auf dem Südufer-Radweg erlebt man die Vielfalt am See. Vorbei an kleinen Stränden, Werften und Bootsverleihen genießen Sie die Aussicht auf die gegenüberliegende Seeseite. Drei Brücken führen über den See und bieten jeweils die Möglichkeit zum Wechsel auf den Nordufer-Radweg. Auf dem Weg zur Sperrmauer durchfahren wir das Naturschutzgebiet Hevearm-Hevesee, eines der wichtigsten Rast- und Überwinterungsgewässer für viele Wasservogelarten.

Gastronomietipp: Torhaus. Insbesondere die Kuchenspezialitäten sollte man sich nicht entgehen lassen.

Staumauer Möhnesee

Auch die Zeit für einen Gang durch den angeschlossenen Skulpturengarten sollte man sich nehmen. www.torhaus-moehnesee.de

Weiter radelt man direkt am Möhnesee in Richtung Staumauer. Bitte beachten: Auf der Staumauer ist Radfahren verboten!

❷ Möhnesee-Staumauer

Der Bau der Staumauer fand zwischen 1908 und 1913 statt. Das Bauwerk besteht aus Bruchsteinmauerwerk und hat eine Kronenlänge von 650 Metern.

Die Möhnetalsperre wurde im Zweiten Weltkrieg durch einen britischen Bombenangriff in der Nacht vom 16. auf den 17. Mai 1943 zerstört. Dabei wurden speziell für diesen Zweck konstruierte Roll-Bomben eingesetzt. Man kann sich heute im Inneren der Staumauer einen Nachbau einer solchen Bombe ansehen. Diese Bomben sprangen durch Eigendrehung auf dem Wasser über die Torpedofangnetze in Richtung Staumauer.

Sie sollten mit geringem Restschwung gegen die Mauer schlagen, zum Mauersohlengrund absinken in einer Tiefe von etwa 10 oder 15 Metern detonieren. Eine einzige Bombe erreichte schließlich die Sperrmauer. Durch die Flutwelle, die sich bis weit ins Ruhrtal ergoss, kamen ca. 1.600 Menschen ums Leben. Zum letzten Todesfall infolge der Flutwelle kam es in Essen, über 100 km von der Staumauer entfernt.

Entlang der Möhnestraße erreichen wir nach 15 Kilometern Arnsberg-Neheim und die Mündung der Möhne in die Ruhr. In diesem Bereich wurden beide Flüsse in den letzten Jahren renaturiert. Eine Informationstafel im Mündungsbereich zeigt die Situation vorher und nachher.

Neheim

ist eine attraktive Einkaufsstadt und bietet einen gewissen urbanen Kontrast zum sonst sehr ländlichen Umfeld. Rund um den Marktplatz und in der Fußgängerzone bieten sich zahlreiche Möglichkeiten für einen Einkaufsbummel.

❸ Pfarrkirche St. Johannes Baptist

Dreischiffige Basilika im neuromanischen Stil. Wegen ihrer Größe und Wuchtigkeit im Volksmund auch der "Sauerländer-Dom" genannt.

Um von hier zum Bahnhof Neheim zu kommen, radeln wir einfach ca. 5 Kilometer entlang der Ruhr auf dem Ruhrtal-Radweg.

Gastronomietipp: R-Café Hier sitzt man direkt am RuhrtalRadweg mit Blick auf die renaturierte Ruhr (www.r-cafe.de).

Wegbeschreibung

km

Alternativ zur folgenden Beschreibung kann der Möhnesee auch am Nordufer passiert werden.

❶ Ab dem Parkplatz in Wamel gegenüber dem Kiosk auf den Radweg abseits der Straße, die Kreisstraße überqueren und ***geradeaus*** über die ❶ Kanzelbrücke, dann ***rechts*** auf den Süduferradweg.

❷ Am Stockumer Damm ***geradeaus*** oder über den Damm zur Nordvariante wechseln,

❸ ***geradeaus*** weiter oder über die Fußgängerbrücke zur Nordvariante wechseln,

8 ❹ am Abzweig nach Arnsberg *B229* ***rechts*** halten,

❺ kurz vor der Brücke *B229* ***links*** zum Parkplatz/Imbiss abbiegen (oder über die Brücke zur Nordvariante wechseln) → Halbinsel umrunden,

❻ nach Anstieg zum Parkplatz Torhaus ***rechts*** abbiegen und talwärts fahren über die Brücke → am Ende der Brücke ***rechts*** dem Süduferradweg folgen bis zur ❷ Staumauer – **über die Staumauer bitte das Rad schieben,**

Möhnesee
Günne
Soester Str.
Westrich
258
Möhnestr.
Delecke
Drüggelter Höfe
Brüningsen
Staumauer
Haus Delecke
Linkstr.
Seestr.
220
Körbecke
Echtroper Weg
Stockum
244
Wamel
Biberstr.
Berghof
H.-Kätelhön-Str.
Seeuferstr.
Stockumer Damm
Golfplatz
277
288
Völlinghausen
Blomenhof
Kanzelbrücke
Körbecker Brücke
Delecker Brücke
MÖHNE-SEE
MÖHN
Südufer
Südrandweg
Natur-promenade/ Lehrpfad
Möhnesee-turm
290
295
Heversberg
262
Torhaus
229
299
308
Sankt Meinolf
Fellberg
315
Hevearm des Möhnesees
Hevesee
Heve
215
232
Eichwald
Wurzelberg
312
244
NSG
255
308
303
Wilhelmsruh
Kahle Dinscheid
339
334
Rißmecke
294
307
255
281
516
250
300
22
45
48
66
68
69
70
72
73
74
75
5
10
15
20

Wegbeschreibung

km 20 — **7** am Ende die *Kreisstraße* (Ampel) queren und ***links*** auf den Radweg Richtung Günne → weiter ***geradeaus*** bis Niederense.

26 — **8** Vor Niederense ***rechts*** (auf Wegweiser achten) bis zur Straße *Am Riesenberg* → am Ende ***links*** wieder zur Landstraße, dort ***rechts***, beim Abzweig nach Moosfelde ***geradeaus*** weiter bis zum Industriegebiet rechts der Straße.

Pfarrkirche St. Johannes Baptist Neheim

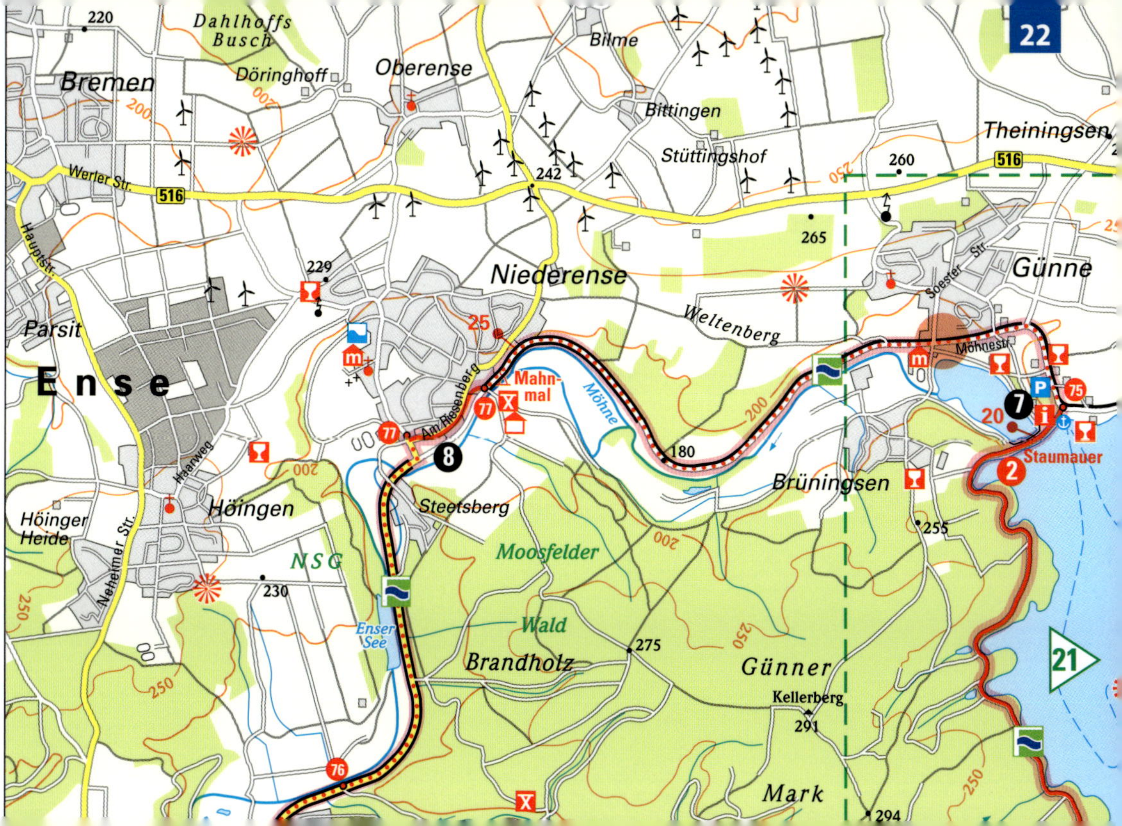

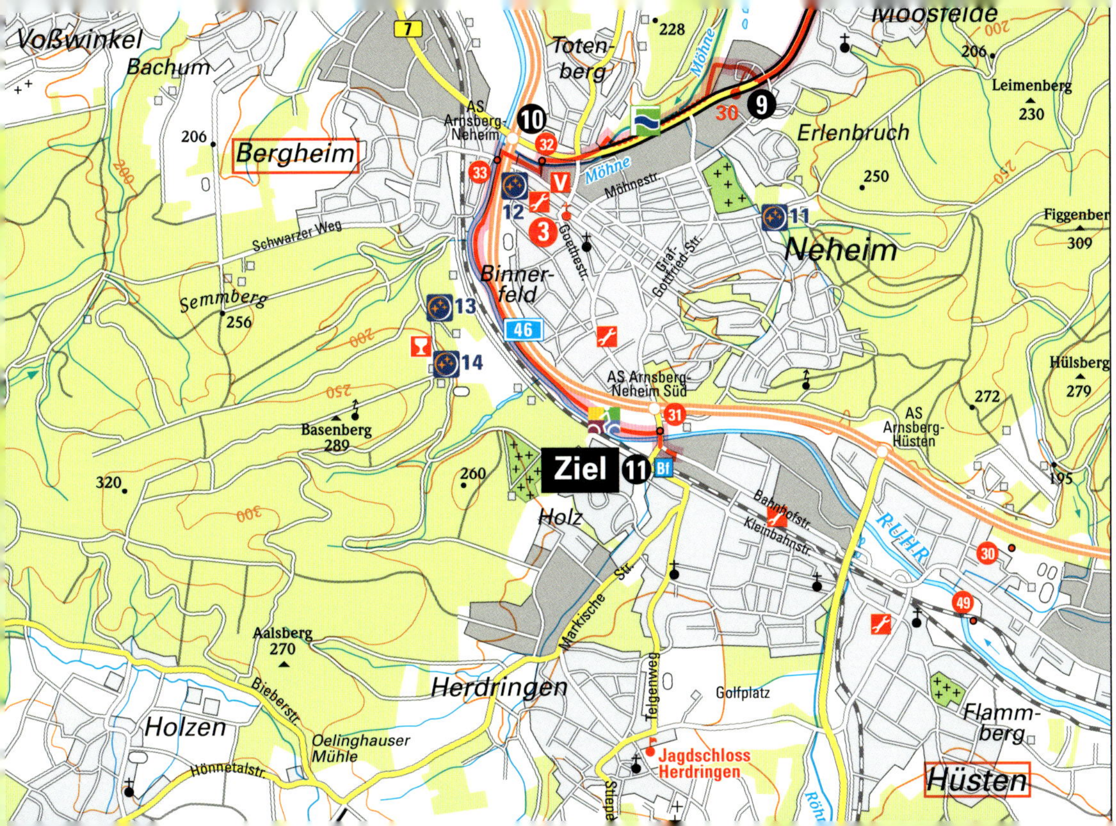

Wegbeschreibung

km

9 ***Rechts*** auf Straße *Zum Möhnewehr* ➔ am Ende der Straße das Firmengelände TKT umfahren ➔ am Wehr ***links*** ➔ im weiteren Verlauf ***rechts*** der Landstraße bleiben ➔ die Möhnebrücke nach ***rechts*** überqueren, nach ***links*** abbiegen, weiter ***rechts*** entlang der Möhne bis zur Holzbrücke,

10 nach ***links*** über die Brücke, (zur **3** Pfarrkirche: ***links*** zur *Mendener Str.*, dort ***links*** bis zur Kirche, gleicher Weg zurück) ➔ sofort wieder ***rechts*** bis zur Möhnemündung in die Ruhr ➔ dort nach ***links*** dem Ruhrtalradweg folgen ➔ vor der nächsten Brückenunterquerung in Höhe der Kanustrecke auf der Ruhr ***links*** hoch, oben ***rechts*** über die Brücke, an der Kreuzung ***geradeaus*** zum

11 Bahnhof Neheim Bf.

R-Cafe am RuhrtalRadweg

Tour 3
Von Neheim bis Meschede und Brilon

auf dem RuhrtalRadweg

Die Tour beginnt in Neheim und führt über einen der beliebtesten Radwege Deutschlands entgegen der normalen Fahrtrichtung flussaufwärts. Ab Hüsten fahren wir über ein neues Teilstück des RuhrtalRadwegs direkt entlang der renaturierten Ruhr. Arnsberg, Sitz der Bezirksregierung, wird in einer großen Schleife umfahren und kann mit dem Abstecher in die historische Altstadt abgekürzt werden. Das Tal weitet sich und über Oeventrop und Freienohl gelangen wir nach Wennemen. Hinter dem Ort treffen wir auf

Tour 3 A	Tourinformationen
Start/Ziel	Bahnhof Neheim Bf / Bahnhof Meschede Bf
Länge/Varianten	41,0 km (2,9 km Altstadttour Arnsberg)
Ausschilderung	Radnetz NRW, RuhrtalRadweg
Wegbeschaffenheit	Weitgehend asphaltiert, Waldwege, straßenbegleitende Radwege, Nebenstraßen
Steigungen	Kurze Steigung vor Rumbeck und in Freienohl, geringe Steigungen zw. Wennemen und Meschede

Tour 3 B	Tourinformationen
Start/Ziel	Bahnhof Meschede Bf / Bahnhof Brilon Bf
Länge/Varianten	28,0 km (2,5 km Altstadt Brilon)
Ausschilderung	Radnetz NRW, RuhrtalRadweg
Wegbeschaffenheit	Weitgehend asphaltiert, Wirtschaftswege, straßenbegleitende Radwege, Nebenstraßen
Steigungen	Kurze Steigung bei Wehrstapel, teilweise starke Steigung 3 km vor, in und nach Antfeld

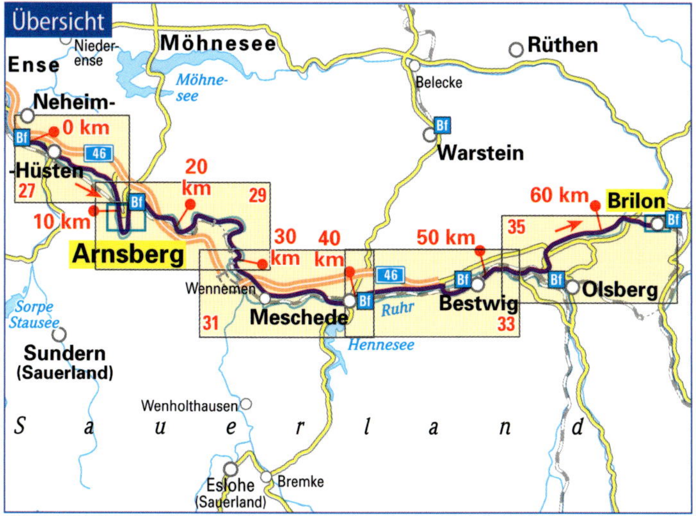

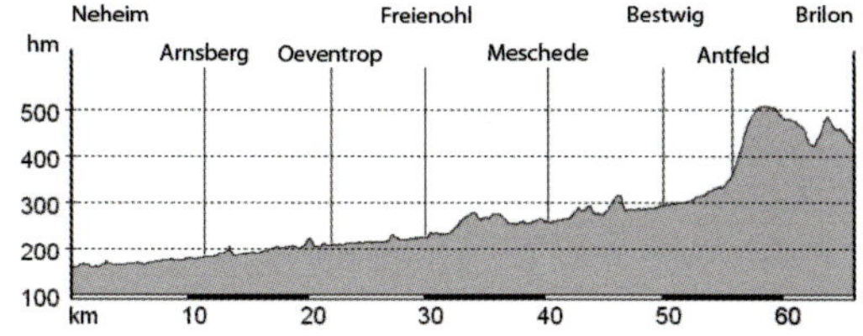

die Nordschleife des SauerlandRadrings und den Ruhr-Sieg-Radweg und gelangen über leichte Hügel in die Kreisstadt Meschede am Hennesee. Größtenteils abseits der Ruhr, aber mit tollen Ausblicken verlassen wir bei Bestwig den RuhrtalRadweg und fahren über eine tolle Hochebene nach Brilon.

***DIE TOUR BEGINNT** am Bahnhof Neheim* Bf.

❶ VILLA WESCO

ist ein Designoutlet. Die um 1920 erbaute und heute unter Denkmalschutz stehende Gründerzeit-Villa bietet ein umfassendes Spektrum an Designprodukten des Haushaltswarenherstellers WESCO. Im idyllischen Park der VILLA WESCO befindet sich direkt an der Ruhr ein ebenso idyllisches italienisches Restaurant.
Bahnhofstraße 205, 59759 Arnsberg,
Tel. 0 29 32 / 4 76 10 10, www.villa-wesco.de

Im Wäldchen bei Hüsten verlässt die Route ihren bisherigen Streckenverlauf und führt nach rechts zur Ruhr und von dort aus auf einem neuen Teilstück bis Obereimer. Langsam nähern wir uns Arnsberg. Der Abstecher in die historische Altstadt ist hier Pflicht. Der gut erhaltene Stadtkern erhält seinen besonderen Reiz durch seine exponierte Lage in einer Ruhrschleife.

Arnsberg

Arnsberg

Erstmals urkundlich erwähnt wurde Arnsberg im Jahr 789. Die Keimzelle der Stadt ist das Schloss Arnsberg. Dieses war erst die Burg der Grafen von Arnsberg und wurde später von den Kölner Kurfürsten zu einem repräsentativen Schloss ausgebaut. Seit der Zerstörung im Siebenjährigen Krieg ist es eine Ruine. Die Altstadt zeichnet sich durch die zahlreichen, meist im Fachwerkstil gebauten Bürgerhäuser aus. Das Wahrzeichen Arnsbergs ist der Glockenturm. Arnsberg ist Sitz der Bezirksregierung Arnsberg. Das vielfältige Angebot an thematischen Stadtführungen lohnt sich!
Infos unter www.arnsberg-info.de

❷ Klassizismus-Viertel

Die Preußen setzten in Arnsberg mit dem Bau des Klassizismus-Viertels neue architektonische Maßstäbe. Um den preußischen Beamten, die 1816 aus Berlin nach Arnsberg kamen und es zur Regierungsstadt machten, "angemessene" Unterkünfte zu bieten, wurde das Viertel unter dem Preußenkönig Friedrich Wilhelm III. erbaut. Um den Neumarkt herum entstand die „kleine Berliner Stadt“ mit 55 Bürgerhäusern, Behördenhäusern, der evangelischen Auferstehungskirche, dem Hotel Zum König von Preußen, der Post und dem Gesellschaftshaus (Casino), **Kloster Weddinghausen**.

❸ Sauerland-Museum

Das Sauerland-Museum befindet sich im geschichtsträchtigen Gebäude des Landsberger Hofes. Die Dau-

Arnsberg, Glockenturm

erausstellung, die die vielfältige Geschichte des kurkölnischen Sauerlandes zeigt, wird durch thematisch wechselnde Sonderausstellungen ergänzt. Hervorzuheben ist das wirklich gemütliche Museums-Café.
Alter Markt 24, 59821 Arnsberg, Tel. 0 29 31 / 94 46 00, www.sauerland-museum.de

Wir folgen dem Lauf der Ruhr durch eine landschaftlich reizvolle Gegend und überqueren vor Oeventrop die wunderschöne Kaiser-Wilhelm-Brücke. In Oeventrop radeln wir am Flugplatz vorbei und gelangen nach Freienohl und Wennemen. Am Ortsende treffen wir auf die Nordschleife des SauerlandRadrings, bzw. den Ruhr-Sieg-Radweg, die nach rechts abbiegen, bzw. geradeaus nach Meschede führen. Die Tour folgt weiter diesen beiden Routen nach Meschede.

Meschede (siehe Tour 5)

Von Meschede führt die Route nach kurzer Strecke etwas abseits der Ruhr leicht bergauf und bietet tolle Ausblicke ins Tal, bevor wir bei Bestwig wieder zum Fluss hinab radeln. Von dort ist ein 6km-Abstecher möglich zum

❹ Besucherbergwerk Ramsbeck

Hier erhält der Besucher viele interessante Informationen zur Geschichte des Ramsbecker Erzbergbaus. Es geht auch mit der Grubenbahn rund 1,5 km unter Tage.
Glück-Auf Straße 3, 59909 Bestwig-Ramsbeck, Tel. 0 29 05 / 2 50, www.sauerlaender-besucherbergwerk.de

❺ Bergkloster Bestwig ✝

Das Kloster ist das europäische Provinzhaus der 'Schwestern der hl. Maria Magdalena Postel'. Die Schwestern zeigen ihr Haus interessierten Gästen auf Anfrage sehr gerne – unter anderem auch den 'Eine-Welt-Laden' und weitere Sehenswürdigkeiten. Es gibt Übernachtungsmöglichkeiten sowie Angebote zu Exerzitien und Einkehrtagen. Nach Terminabsprache sind auch Führungen durch das Kloster möglich (Preise auf Anfrage).
Bergkloster 1, 59909 Bestwig, Tel. 0 29 04 / 8 08-0, www.smmp.de

Hinter Bestwig verlassen wir den Ruhrtalradweg und fahren hinter Antfeld bergauf über die Alte Heeresstraße. Mit wunderbaren Ausblicken auf die Sauerländer Berge geht es über Altenbüren nach Brilon zurück, dem Startort des MöhnetalRadweges und der Tour 1.

Wegbeschreibung

❶ Start **Bahnhof Neheim-Hüsten** Bf → die *Bahnhofstr.* queren, ① Villa Wesco → ***links*** über Ruhrbrücke, sofort ***rechts*** → am Ende des Weges ***geradeaus*** in den Wald → nach ***rechts*** in *Wagenbergstr.* → nach Unterfahrung Brücke ***links*** in *Unterm Breloh*, ***gerade*** in *Lindenhof* → hinter der Wendeplatte leicht ***links*** die Straße queren, ***rechts/links*** durch den Wald.

❷ Im Wald am Wegweiser nach ***rechts*** Richtung **Sundern/Hüsten** abbiegen, ***geradeaus*** *Am Solepark* → *Arnsberger Str.* ***geradeaus*** queren, an der Ruhr Eisenbahnbrücke unterqueren, sofort ***links*** auf Radweg,

❸ nach den Kleingärten ***rechts*** über die Brücke in *Am Hackeland* → Sportplatz umfahren, weiter entlang Obergraben,

❹ am Ende ***links*** über Brücke → ***rechts*** auf Radweg durch Niedereimer,

❺ am Ende ***rechts*** über die Ruhrbrücke, sofort scharf ***rechts***, Brücke unterqueren, dann ***rechts*** entlang der Ruhr.

Wegbeschreibung Tour 3A

km

→ Unter dem Eisenbahnviadukt **VORSICHT SCHIENEN**, ***geradeaus*** in *Arnsberger Burgweg* → nach 220 m ***rechts*** in *Pirschweg*, dann ***links*** in *Tiergartenstraße*.

Abstecher Innenstadt Arnsberg

10 ❻ Am Ende ***links*** über die Jägerbrücke, zweite Straße ***rechts*** in *Jägerstr.*, ***geradeaus*** in *Königsstr.* → ***links*** in *Prälaturstr.*→ am Kloster Wedinghausen ✝ ***links*** in *Klosterstr.*→ am Ende über den Neumarkt ❷ Klassizismus-Viertel in *Steinweg*, dann Alter Markt ❸ Sauerland-Museum, Durchfahrt alter Glockenturm in *Schlossstr.* → am Ende vor der **Burgruine** ***rechts*** in *Hanstein*, am Ende ***links*** bis *Neumarkt* → ***links*** talwärts über *Bömerstr.* und Brücke, nach Brücke sofort ***links rechts*** auf RuhrtalRadweg.

❻ Am Ende ***links*** bleiben, hinter den Gleisen ***links*** in *An der Jägerbrücke*, sofort nach ***rechts*** die Jägerbrücke unterqueren und ***geradaus*** auf den Radweg entlang der Ruhr, im weiteren Verlauf ***links*** halten über die Ruhr bis *Auf den Kämpen*, dort ***rechts***, entlang der Ruhr, nach Segelflugplatz ***links*** über die Brücke und dann ***rechts*** → nach der Rundturnhalle ***rechts*** über die Ruhr, ***links*** auf Radweg → unter zwei Straßenbrücken hindurch nach ***links*** über die Radbrücke, *rechts* weiter → vor den Bahngleisen ***links*** zur *Uentroper Straße*.

km 20 25

❼ 250 m ***rechts*** auf der Str., dann ***links*** auf Radweg entlang der *L735* bis Uentrop, an der Ampel in Uentrop auf ***rechte*** Straßenseite wechseln (Höhe *Str. im Ruhrbruch*) ➔ nach Unterfahrung der Autobahnbrücke

❽ am Radwegende ***rechts*** über die Ruhrbrücke ➔ am Ende Radweg ***rechts*** auf *Zum Eisenhammer,* Gleise queren ➔ am Ende *Mescheder Straße* überqueren und nach ***links*** auf den Radweg ➔ nach 220 m ***rechts*** hinunter und ***links*** über **Kaiser-Wilhelm-Brücke**

❾ an Kreuzung ***rechts*** auf Radweg ➔ vor der Ruhrbrücke auf die ***linke*** Seite wechseln, nach Brücke *Str. Widayweg* queren, sofort ***links*** bis zur nächsten Kreuzung, dort Str. queren ➔ nach ***rechts*** über die Radbrücke

❿ dort ***links***, sofort ***links*** Brücke unterqueren, ***rechts*** in *Str. Zum Spatzennest* ➔ hinter Flughafenhangar ***rechts***, dem Radweg folgen, am Ende ***links*** zur Landstr., dort ***rechts***, am Ortsende ***rechts*** entlang der Kläranlage

⓫ an der Landstr. ***rechts*** über die Ruhrbrücke, sofort wieder ***links*** ➔ am Wehr über den Obergraben nach ***links***, wieder ***links*** Brücke über die Ruhr ➔ durch Industriegebiet *Str. Im LANGEL*, ***links*** halten.

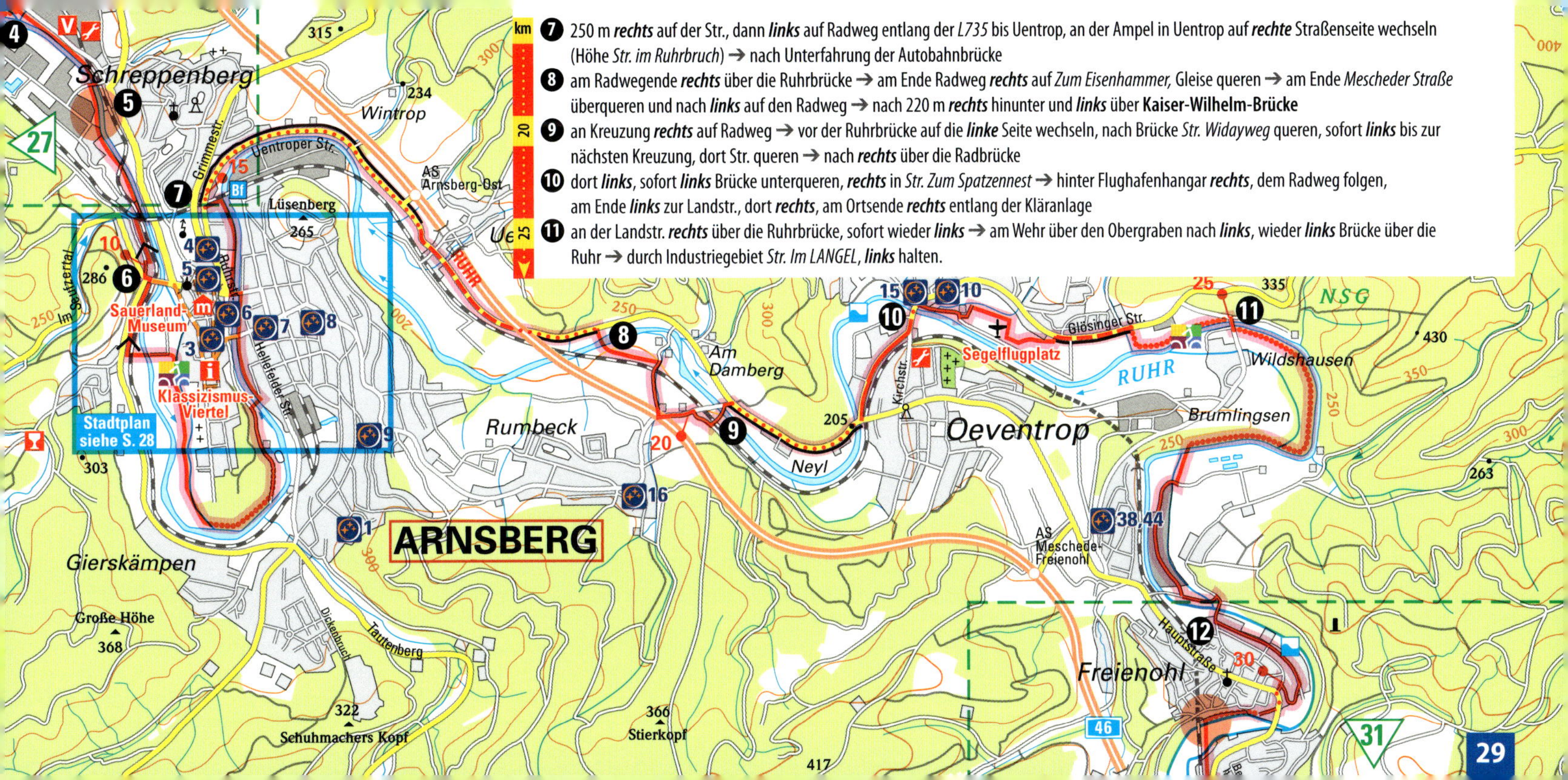

Wegbeschreibung Tour 3A

km

⓬ Am Ende scharf ***rechts*** über die Ruhrbrücke → kurz danach in Str. *Im Ohl* → am Ende ***rechts*** kurz bergauf → scharf ***links*** und vor der nächsten Ruhrbrücke ***rechts*** in Straße *Ruhrufer* → entlang der Ruhr bis zur Eisenbahnbrücke, dort ***links*** und ***geradeaus*** in die *Bahnhofstraße* → im Verlauf immer ***geradeaus*** bis kurz nach Wennemen.

34

⓭ Am Abzweig *Geitenbergstraße* treffen wir auf die **Henneseeschleife des SauerlandRadrings und den Ruhr-Sieg-Radweg**, die jeweils nach ***rechts*** führen → weiter ***geradeaus*** Richtung Meschede → in Stockhausen zur linken Straßenseite wechseln, dem Radweg bis Freibad Meschede folgen → dort ***links*** über den Parkplatz, die Brücke unterqueren, an der nächsten Kreuzung Str. queren, nach ***links*** über die Coventry-Brücke zum

40

⓮ **Bahnhof Meschede** Bf . Meschede bietet sich als Übernachtungsort an, um dann weiterzufahren nach Brilon, dem Beginn des Möhnetalradweges und des Alme-Radweges Richtung Paderborn. Ebenfalls in Meschede beginnt die Nordschleife des SauerlandRadrings und der Ruhr-Sieg-Radweg.

Sehenswert in Meschede sind die Abtei Königsmünster (bett+bike-Betrieb) und der nahe Hennesee.

Hennesee Schiff

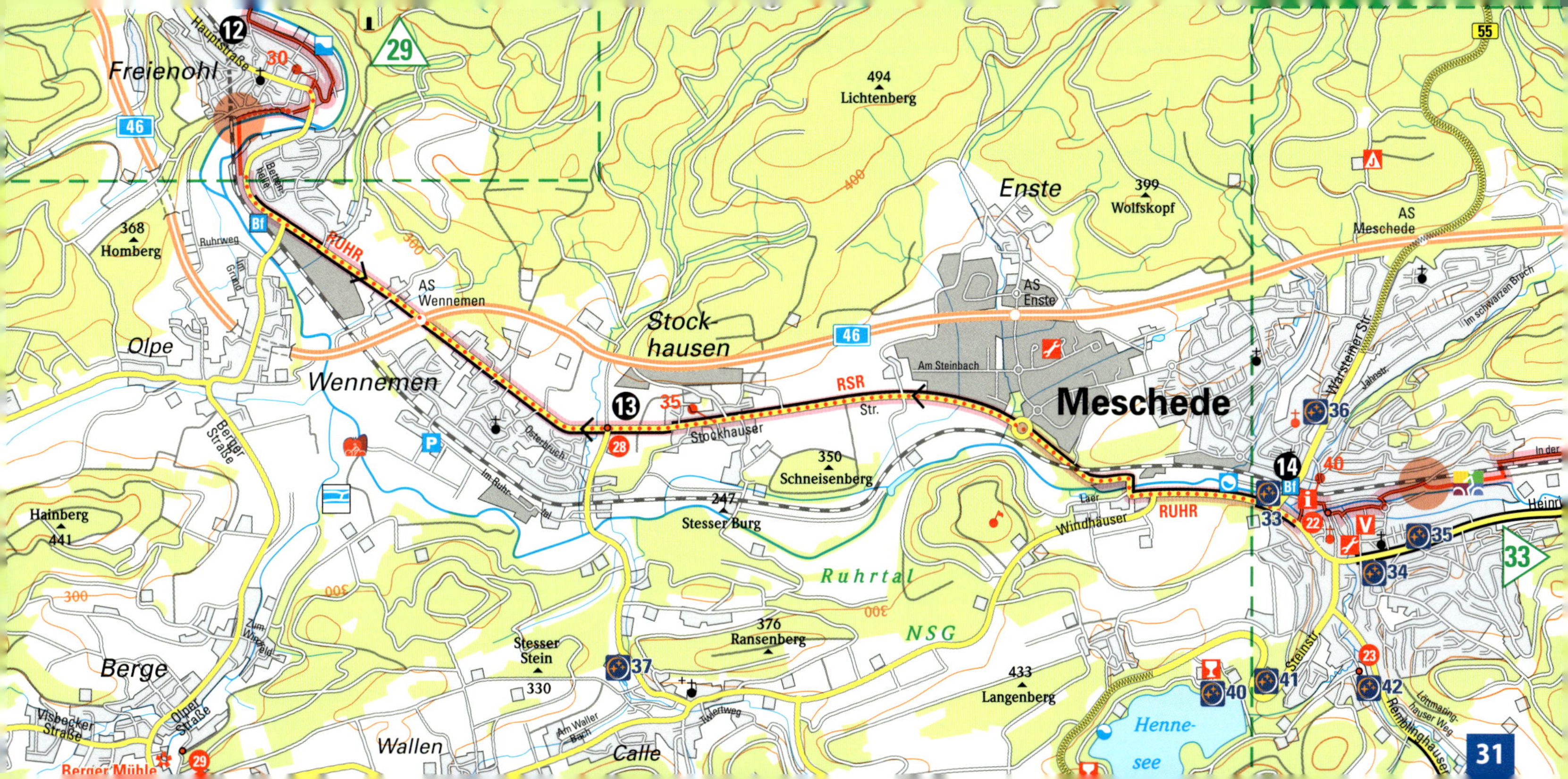
Freienohl
Hauptstraße
Lichtenberg
494
Enste
399
Wolfskopf
AS Meschede
368
Homberg
Ruhrweg
RUHR
AS Wennemen
AS Enste
Stockhausen
Olpe
Wennemen
Am Steinbach
RSR
Meschede
Stockhauser Str.
Berger Straße
350
Schneisenberg
247
Stesser Burg
Windhäuser
RUHR
Warsteiner Str.
Im schwarzen Bruch
Hainberg
441
Ruhrtal
NSG
376
Ransenberg
Stesser Stein
330
433
Langenberg
Steinstr.
Berge
Visbecker Straße
Olper Straße
Wallen
Calle
Twiertweg
Am Waller Bach
Hennesee
Berger Mühle
Remblinghauser
Löttmaringhauser Weg

Wegbeschreibung Tour 3 B

km

14 **Bahnhof Meschede** Bf → ***links*** und sofort ***rechts*** über die Ruhrbrücke → danach ***links*** bis zum Kreisverkehr → ***links*** über die Brücke → ***rechts*** → nach dem letzten Haus ***rechts*** → nach 500 Metern die Bahnstrecke nach ***links*** überqueren → ***rechts*** in die Straße *In der Birmecke*.

15 Am Ende *Birmecker Weg* rechts und sofort ***links*** in Straße *Am Schützenplatz* → am Ende ***rechts*** in *Unter der Helle* → am Ende ***links, rechts, links, rechts***, dann ***geradeaus*** bis zur Autobahn → vor Unterquerung Autobahn ***rechts*** hinunter **(steil!)** → Velmede in den *Gepkerweg* → ***rechts*** in *Kanalstr.*,

47,5

16 vor der Brücke ***links*** entlang der Ruhr → nach 400 Metern ***rechts*** und die Ruhr queren, ***links*** weiter entlang der Bahn bis in die *Ruhrstr.* → ***rechts*** über den Bahnübergang → Str. queren, dann ***links*** entlang der *B7*.

Abstecher **4** **Bergwerk Ramsbeck**

Hinter dem Rathaus in *Am Bähnchen*, der NRW-Radbeschilderung folgen.

Im Folgenden wird die neue Routenführung ab Sommer 2021 beschrieben. Bis zur Fertigstellung der Routenverlegung radeln Sie vom Orientierungspunkt **17** immer geradeaus bis zum Ortsanfang von Antfeld, dort Str. queren und rechts hinunter, dann links in Str. Dorfwiese

17 Am Abzweig zum **5** **Bergkloster Bestwig** Str. queren → ***rechts*** in *Grabweg* Richtung Ostwig/Brilon → am Ende *Hauptstraße* queren, ***rechts*** Radweg folgen → nach erstem Gebäude ***links*** bis zur Kirche → dort ***links*** in *Wilhelmshöhe* und weiter in *Zum Loh* → dem Radweg folgen, an der *B480* ***rechts*** bleiben → dann B480 queren und Radweg nach ***rechts*** folgen,

18 vor dem Straßentunnel ***links*** in *Hauptstr.* → am Kreisverkehr ***links*** in *Str. Steinkleff*, → immer ***geradeaus*** Richtung Antfeld (**INFO:** kurz nach der Geleisquerung zweigt der RuhrtalRadweg rechts Richtung Winterberg ab) → am Ortseingang der *Straße Dorfwiese* folgen → Straße queren, ***geradeaus*** in *Str. Oberdorf* → 2. Str. ***rechts*** und nächste Str. ***rechts*** den Anstieg hoch bis zur *B7*.

Ruhr bei Velmede

Bergkloster Bestwig

Eversberg
Bestwig
Nuttlar
Ostwig
Meschede
Wehrstapel
Heinrichsthal
Heringhausen
Bergkloster Bestwig
AS Meschede
AS Bestwig
Alte Landstraße
500 Kopf
505 Heinberg
443 Hülsenberg
459 Eiserkraulen
462 Hardt
Birkenhof
398
452 Steinberg
464 Breberg
506 Im Hagen
Gevelinghauser Mühle
396
562 Ostenberg
Halberg 476
503 Kilmberg
585 Hardt
595 Vogelsang
514
321
351
Warsteiner Str.
Jahnstr.
Im schwarzen Bruch
Birmecker Weg
Birmecke
In der
Unter d. Halle
Gepkerweg
Ruhr
NSG
Heinrichsthaler Str.
Wehrstapeler Str.
Zum Romberg
Grimlinghauser Str.
Schedergrund
Kapellenstraße
Bülinger Str.
Kirch-
Steinstr.
Löttmaringhauser Weg
Remblinghauser
Halbeswiger Str.
Burgstr.
Elpe
400
500
55
46
31
35
14
15
16
17
40
45
50
5
4
22
23
20
18
19
20
21
33
34
35
36
39
41
42

Wegbeschreibung Tour 3B

km

19 Straße queren **VORSICHT!** ***links*** bergauf, nächste Querstr. ***geradeaus***, am Ende des Weges ***rechts*** auf *Alte Heeresstr.* → am nächsten Abzweig ***geradeaus*** → in Höhe der Firma BMS ***rechts*** und sofort ***links*** → nächste Kreuzung ***rechts***, sofort ***links*** weiter auf *Alter Heeresstr.*, ***geradeaus***, nach S-Kurve talwärts → ***rechts***, 2. Straße ***links***,

20 dann ***rechts*** Richtung Brilon → nach Unterquerung *B7* ***rechts*** abbiegen auf *Rixener Str.* → am Ende ***links*** auf *Altenbürener Str.* → am Kreisverkehr ***geradeaus*** in *Strackestr.*, dann ***geradeaus*** in Fußgängerzone hinter Marktplatz ***links*** → ***rechts*** in *Friedrichstr.* → ***rechts*** Richt. Bhf., nächste Kreuzung ***links*** Richt. Bhf., vor Bahnübergang ***links*** in *Bahnhofstr.* bis

21 **Bahnhof Brilon** Bf.

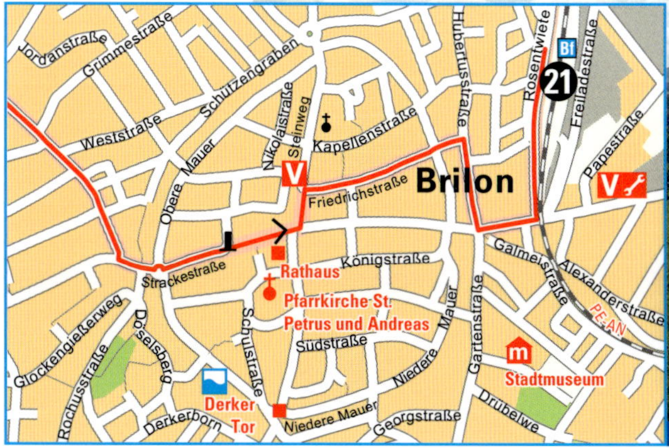

Alte Heeresstr. vor Brilon

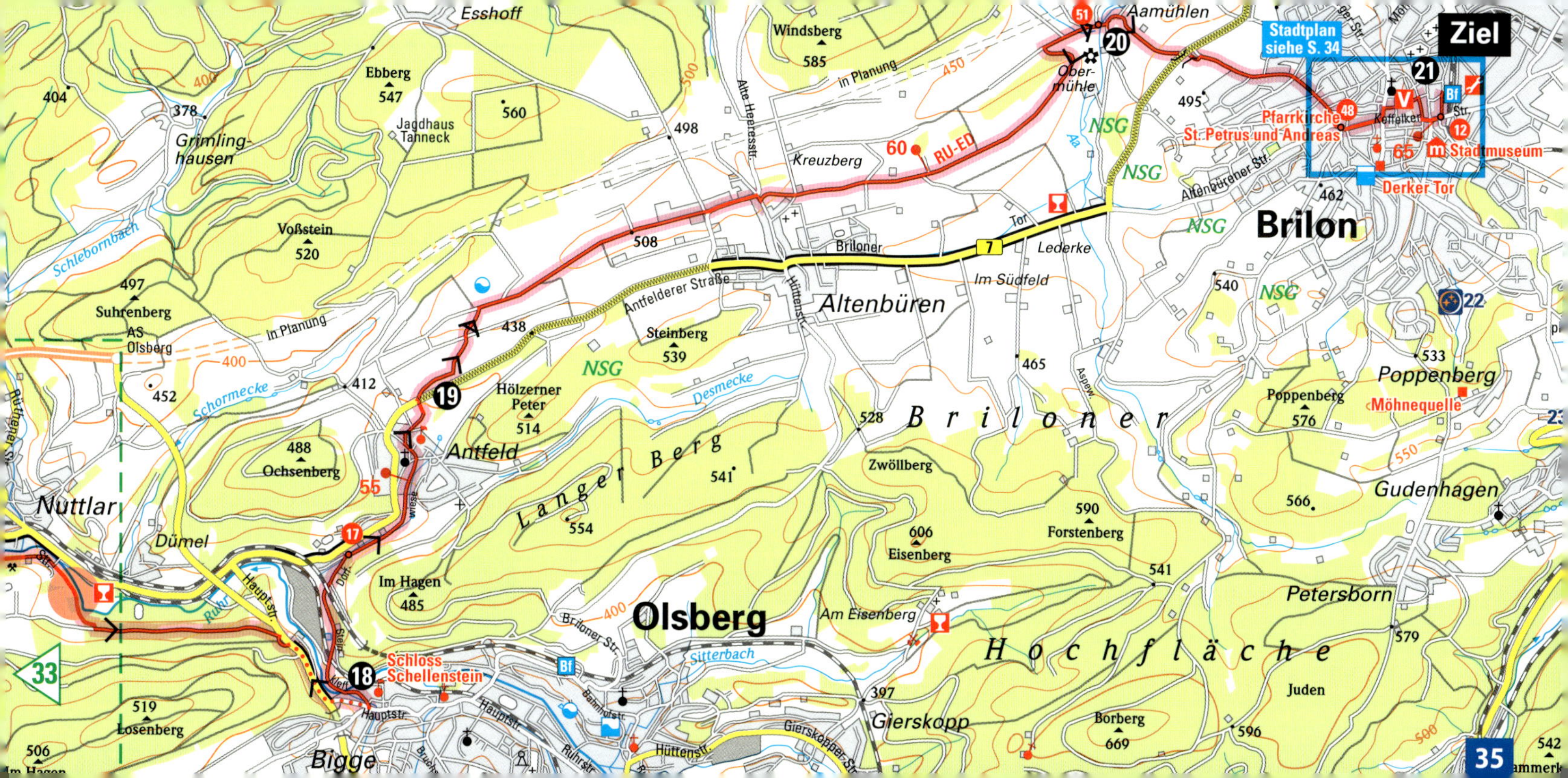
Ziel
Stadtplan siehe S. 34
Esshoff
Aamühlen
Windsberg
585
Ebberg
547
560
Jagdhaus Tanneck
404
378
Grimling-hausen
Ober-mühle
495
Pfarrkirche St. Petrus und Andreas
Stadtmuseum
Derker Tor
Kefflerker Str.
in Planung
450
500
400
498
Alte Heeresstr.
Kreuzberg
60
RU-ED
NSG
Altenbürener Str.
462
Brilon
Voßstein
520
508
Briloner
Tor
Lederke
7
Schlebornbach
497
Suhrenberg
AS Olsberg
in Planung
438
Antfelderer Straße
Hüttenstr.
Altenbüren
Im Südfeld
540
22
Steinberg
539
465
Aspew.
533
Poppenberg
Poppenberg
576
Möhnequelle
23
452
412
Schormecke
Desmecke
Hölzerner Peter
514
528
B r i l o n e r
550
Ruthener Str.
488
Ochsenberg
Antfeld
L a n g e r   B e r g
541
Zwöllberg
Gudenhagen
566
55
wiese
554
590
Forstenberg
606
Eisenberg
Nuttlar
Dümel
Im Hagen
485
541
Petersborn
Hauptstr.
Ruhr
Dorf.
Briloner Str.
Olsberg
Am Eisenberg
H o c h f l ä c h e
579
Steinr.
Schloss Schellenstein
Bf
Sitterbach
33
Hauptstr.
397
Juden
519
Losenberg
Kleff
Bahnhofstr.
Gierskopp
Gierskopper Str.
Borberg
669
596
500
506
Im Hagen
Bigge
Hüttenstr.
Ruhrstr.
542
Hammerk
17
18
19
20
21
48
51
12
65

Skulptourenpfad zwischen Möhnesee und Soest

Tour 4
Über den Haarstrang

Pengel-Anton-Radweg und Alter Soestweg

Diese Tour beginnt am Ende des Möhnesees am Parkplatz bei Wamel. Auf der stillgelegten Trasse der Möhnetalbahn, auch Pengel-Anton genannt, radeln wir in großzügigen Schwüngen sanft auf die Höhen des Haarstrangs. Immer wieder öffnen sich weite Ausblicke auf den Möhnesee. Vorbei an Windrädern gleiten wir ins Tal nach Soest. Auf dem Abste-

Tour 4	Tourinformationen
Start/Ziel	Parkplatz am Ende des Möhnesees Nordseite
Länge/Varianten	31,7 km + Abstecher (1,5 km Innenstadt Soest) Bahntrassenanteil 12 km / 38%
Ausschilderung	Radnetz NRW, Pengel-Anton-Radweg, Historischer Weg Soest-Körbecke (Alter Soestweg)
Wegbeschaffenheit	Zu 98% asphaltiert, Alter Soestweg 650 m gut befahrbarer Waldweg, Bahntrasse, in Soest verkehrsreiche Straßen, kleine Nebenstraßen
Steigungen	Bis zum Haarstrang leichte Steigung sonst überwiegend flach

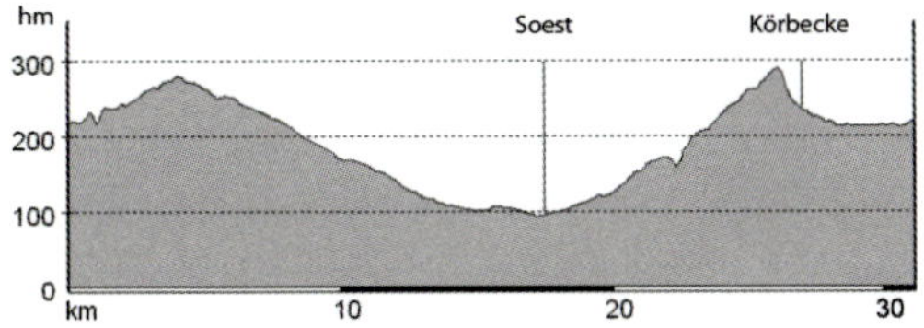

cher erkunden wir die Altstadt. Wir verlassen Soest über den neuen Radweg Alter Soestweg, der die kürzeste Verbindung nach Körbecke/Möhnesee ist. Vorbei am Steinkistengrab in Hiddingsen und dem sich direkt anschließenden Wildgehege für wilde Pferde und Rinder fahren wir wieder zum See und zurück zum Parkplatz Wamel.

***DIE TOUR BEGINNT** am Parkplatz bei Wamel und führt rechts am Kiosk vorbei. In sanften Schleifen führt der Weg auf der ehemaligen Trasse der Möhnetalbahn bis auf die Höhe des Haarstrangs. Der **Haarstrang** ist ein Höhenzug am südlichen Rand der Westfälischen Bucht, ein Relikt der letzten Eiszeit, und bildet den Übergang vom Mittelgebirge zur norddeutschen Tiefebene.*

Nach der Überquerung des Haarstrangs hat man einen weiten Blick über die Soester Börde. Wir folgen dem Bahntrassenradweg sanft bergab nach Soest. Auf Radwegen gelangen wir in die Innenstadt, wo in der Thomästraße der Abstecher durch die Altstadt von Soest beginnt.

Soest

Die alte Hansestadt Soest hat eine weit über 1000-jährige Geschichte. Sie zählte im Mittelalter zu den bedeutendsten Hansestädten Europas und gilt als Mutterstadt der Deutschen Hanse. Urkundlich erwähnt wird Soest erstmals im Jahr 836. Es finden sich im heutigen Stadtgebiet aber Nachweise menschlicher Siedlungstätigkeit seit rund 5.000 Jahren. Die Soester Altstadt ist einen längeren Aufenthalt wert. Sie steht zu großen Teilen unter Denkmalschutz, mit insgesamt rund 700 Gebäuden in der Stadt und den umliegenden Dörfern. Enge Gassen und alte Häuser geben einen guten Eindruck der mittelalterlichen Struktur. Besonders sehenswert ist auch die fast vollständig erhaltene **Stadtmauer** mit dem **Osthofentor**, dem letzten von 10 Stadttoren.

Propsteikirche St. Patrokli

1 St.-Patrokli

Die ehemalige Stiftskirche und heutige Propsteikirche St. Patrokli, in Soest auch „Dom" genannt, ist von großer architekturgeschichtlicher Bedeutung. Sie gilt als Inbegriff der Romantik in Westfalen. Besonders beeindruckend ist das mächtige Westwerk mit dem massigen Turm, der auch den Beinamen „Turm Westfalens" trägt. Dieses Denkmal von europäischem Rang stammt einschließlich des Helms aus dem 12. und 13. Jahrhundert.

❷ Wiesenkirche

Die in unmittelbarer Nähe des Doms gelegene und aus dem 14. Jahrhundert stammende Kirche St. Maria zur Wiese (Wiesenkirche) ist eine der schönsten hochgotischen Hallenkirchen Deutschlands. Die Dombauhütte der Wiesenkirche ist in Expertenkreisen ebenso bekannt wie die des Kölner Doms. Die Wiesenkirche ist aus heimischem Grünsandstein, wie er in Anröchte unmittelbar in der Nähe gewonnen wird, erbaut.

Steinkistengrab Hiddingsen

❸ „Hohnekirche" (St. Maria zur Höhe)

Die Hohnekirche, eine entwicklungsgeschichtlich hochbedeutende Hallenkirche besticht mit eigenwilligem Raumkonzept und bemerkenswerten Malereien aus dem 13. Jh. Das so genannte Scheibenkreuz ist ein in Deutschland einmaliges Kunstwerk.

Am Potsdamer Platz direkt hinter dem Dom beginnt der zweite Teil unserer Tour auf dem Historischen Radweg Alter Soestweg. Wo im Mittelalter Menschen ihre Waren vom Möhnesee nach Soest transportierten, hat der Radfahrer Zeit, die vielfältige Landschaft zu genießen. Mitten durch die Felder der Bördelandschaft verläuft die Route mit Ausblicken auf weite Teile der Westfälischen Bucht und der Silhouette der alten Hansestadt Soest.

❹ Steinkistengrab Hiddingsen

Das Steinkistengrab wurde 1934 bei Steinbrucharbeiten entdeckt und kann besichtigt werden. Es handelt sich hierbei um ein aufwendig erbautes Kollektivgrab, das über Generationen hinweg als solches genutzt wurde. Man fand 98 menschliche, verhältnismäßig kleine Skelette, von denen 58 mit Sicherheit nachgewiesen werden konnten. Die Männer waren bis 1,69 m, die Frauen bis 1,49 m groß und haben der Cro Magnon Rasse sehr nahe gestanden, jener Rasse, die einen wesentlichen Bestandteil des in der Zeit um 3000-2500 Jahre vor Chr. sich bildenden Germanenvolkes darstellen dürfte. Das Steinkistengrab von Hiddingsen selber wird auf ca. 3000 vor Chr. datiert.

❺ Ehemaliges Militärgelände Naturschutzgebiet Kleiberg

Landschaftlich besonders reizvolles Wegstück auf dem Alten Soestweg. Man radelt durch eine Landschaft, die mit ihrem offenen Wildland der vorindustriellen Landwirtschaft der Soester Börde ähnelt. Das 230 Hektar große Gelände bietet heute Heimat für wild lebende Pferde und Rinder.

Kurz vor Körbecke fahren wir wieder bergab zum Möhnesee und radeln auf dem Norduferradweg zurück zum Parkplatz Wamel.

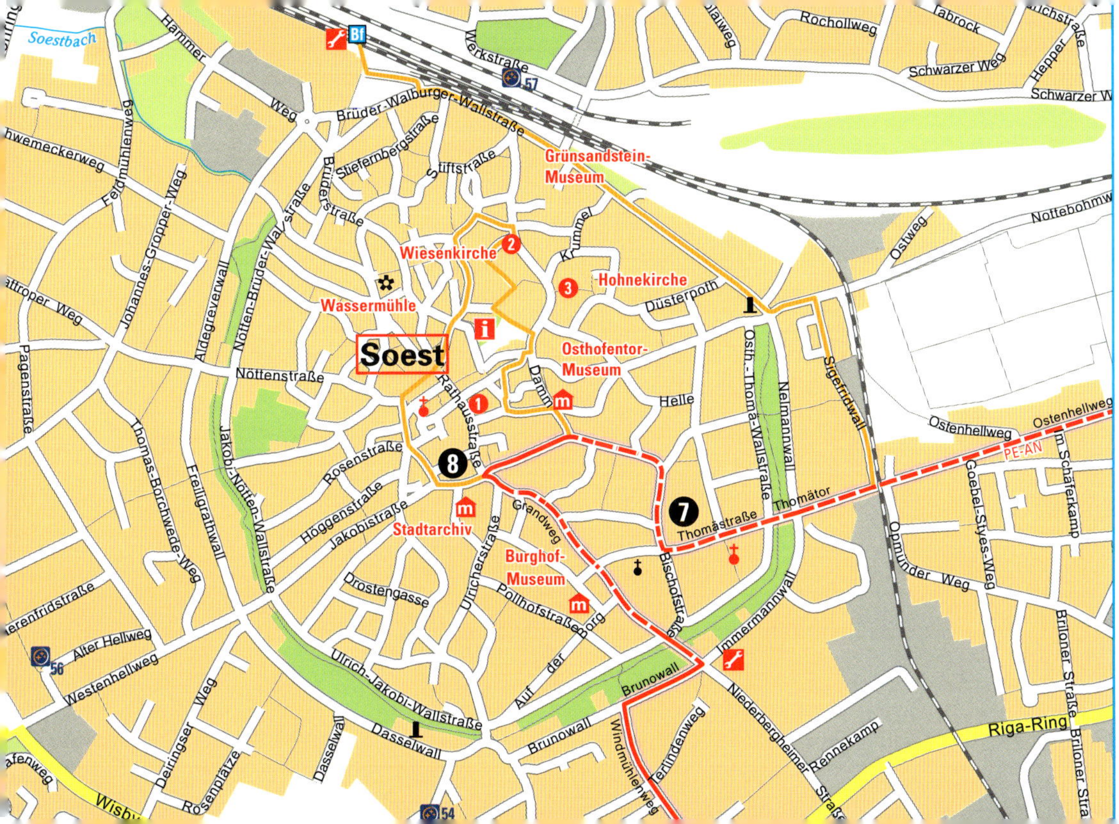

Wegbeschreibung

km

Sightseeing per Velo – Soest

In Soest biegen wir von der *Thomästr.* (Nikolaikapelle) nach ***rechts*** in die *Kolkstr.* → ***links*** in *Probst-Nübel-Str.*, (1 St. Patrokli ✝/Rathaus) ***rechts*** über *Vreitshof*, ***rechts*** in *Wiesenstr.*, ***links*** in *Am Großen Teich*, an der Information kurz ***rechts*** in *Am Loerbach* → nächste ***rechts*** in *Wiesenstr.*, 2 Wiesenkirche ✝, (zur 3 Hohnekirche ✝ von Wiesenkirche ***rechts***, dann ***links*** in *Hohe Gasse*) ***links*** in *Ritterstr.*, ***links*** in *Walburgerstraße* → ***geradeaus***, über den Marktplatz in die ***Marktstr.***, ***links*** in *Puppenstr.*, ***links*** in *Jakobistr.* → zum *Potsdamer Platz*, dort ***rechts*** in *Grandweg* und der Tourbeschreibung folgen.

Soest, Am Markt

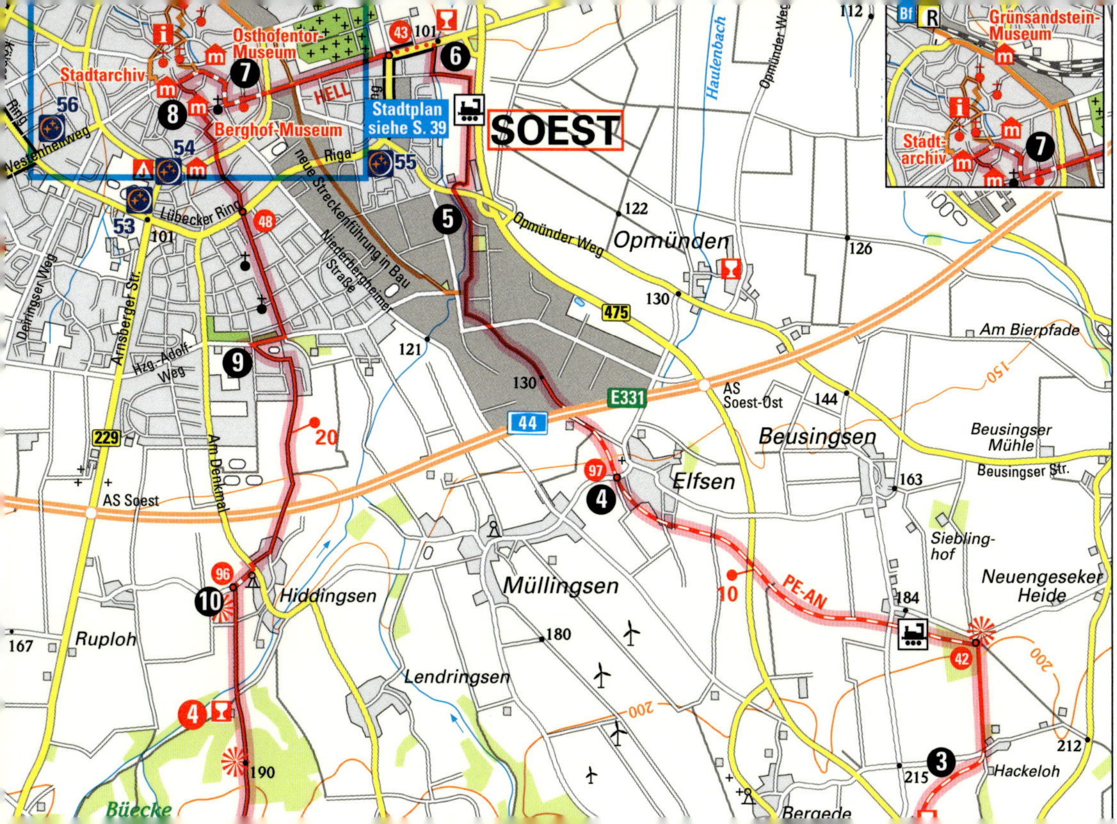

Wegbeschreibung

km

3 Bei Hackeloh ***links*** ➔ nach 730 m ***links***

4 hinter Elfsen Str. queren, weiter ***geradeaus*** ➔ Str. *Overweg* ***geradeaus*** queren,

5 hinter der „Rappelkiste" ***rechts*** und dann ***links*** Straße unterqueren, dann ***geradeaus*** ➔ ***links*** in *Römerweg* ➔ nach 280 m vor Siedlung ***rechts*** bis zur *B1 Paderborner Landstr.*,

15

6 Str. queren ➔ ***links***, nach 200 m auf Radweg ***geradeaus*** weiter ➔ an Kreuzung hinter großem Parkplatz ***geradeaus*** in *Thomästr.*,

7 am Franziskanerkloster ***rechts*** weiter auf *Thomästr.*(Einbahnstr.) ➔ an der Gabelung ***links*** halten bis Potsdamer Platz/Schwanen Apotheke (dort ***rechts*** ins Zentrum von Soest),

8 am Potsdamer Platz ***links*** und sofort wieder ***links*** in *Grandweg* (Einbahnstr.) 600 m bis *Brunowall*, dort ***rechts*** 180 m,

9 ***links*** vor Haus mit Windmühle in *Windmühlenweg*, ***geradeaus*** weiter.

10 Am Ende ***rechts*** auf *Waldstr.* ➔ ***links*** in *Lendringser Weg* ➔ sofort ***links*** in *Hessenweg* ➔ ***geradeaus*** weiter ➔ in Hiddingsen an Straßengabelung ***rechts***, Landstr. ***geradeaus*** queren Richtung Ruploh.

(weiter auf Seite 41 ab 11)

Wegbeschreibung

km

❶ Am Ende des **Möhnesees** (Nordseite) am Parkplatz bei Wamel beginnt der Pengel-Anton-Radweg ➔ ***rechts*** am Kiosk Richtung Soest,

❷ vor *Echtrop Str.* queren ***links/rechts*** ➔ bei *Schalloh Str.* queren ***rechts/links***.

(weiter auf Seite 40 oben)

⓫ Nächste Str. ***links*** auf *Körbecker Weg* Richtung
❹ **Steinkistengrab** (bei KM 22,3 *in der Senke* ***rechts***) nach Anstieg vor Gatter ***rechts*** auf neuem Radweg den
❺ **Naturschutzgebiet** umfahren, kurz danach ***geradeaus*** auf Schotterweg (700 m) immer ***geradeaus*** bis *B516 Haarweg*,

⓬ Str. *Haarweg* queren ***rechts/links*** auf *K32* ➔ ***geradeaus***,

⓭ in der Ortsmitte von Körbecke vor Sparkasse ***rechts*** auf *Brückenstr.* ➔ bis zur *Seestr.* ➔ dort Str. queren und ***links*** Radweg entlang des Nordufers zum Ausgangspunkt ❶ **Parkplatz** bei Wamel.

Auf der Ruhrbrücke bei Wennemen

Tour 5
Von der Henne zur Wenne

auf dem SauerlandRadring Henneseeschleife

Tour 5	Tourinformationen
Start/Ziel	Bahnhof Meschede Bf
Länge/Varianten	40,5 km, Bahntrassenanteil 11,4 km / 28%
Ausschilderung	Radnetz NRW, SauerlandRadring Henneseeschleife, RuhrtalRadweg
Wegbeschaffenheit	durchgehend asphaltiert, straßenbegleitende Radwege, kleine Nebenstraßen, Bahntrasse
Steigungen	drei kurze Anstiege, zum Hennesee, hinter Erflinghausen und Nichtinghausen

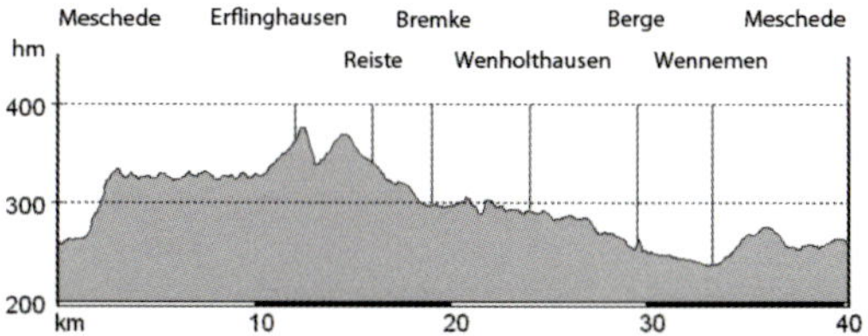

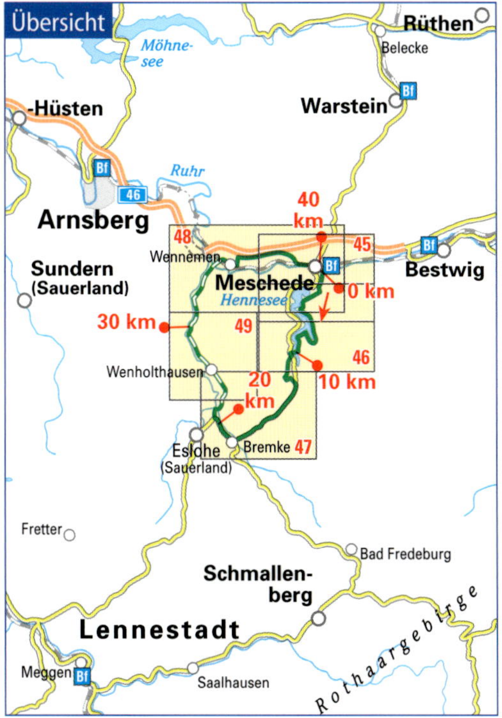

Von Meschede führt die Tour zum Hennesee. Auf dem Uferradweg genießen wir immer neue Ausblicke auf den See. Über das verschlafene Örtchen Erflinghausen und Reiste, radeln wir nach Bremke und treffen auf den eigentlichen SauerlandRadring. Nach einem Stück gemeinsamer Route bis Sallinghausen, folgen wir nun dem neuen Bahntrassenradweg durchs Wennetal über den Erholungsort Wenholthausen, vorbei am schönen Jüppchenpark bei Berge nach Wennemen und radeln durchs Ruhrtal zurück nach Meschede.

***DIE TOUR BEGINNT** am Bahnhof Meschede* Bf *Nach Querung der Ruhrbrücke gelangen wir in die Innenstadt.*

Freigelegter Fluss Henne in Meschede

Meschede

ist Kreisstadt des Hochsauerlandkreises und Hochschulstadt. Durch die Regionale 2013 hat sich das Aussehen der Stadt stark verändert. Mit der Offenlegung des einst zubetonierten Flusslaufs der Henne hat der Innenstadtbereich eine erhebliche Verbesserung erhalten und durch den neuen Hennepark ist über den Henne-Boulevard eine fast 2 km lange direkte Verbindung zum Hennesee geschaffen worden.

Hinter dem Kreishaus durchfahren wir den neuen Hennepark und über einen Anstieg geht es zur Staumauer des Hennesees.

1 Hennesee

Die Staumauer wurde von 1952 bis 1955 gebaut. Der Zweck der Talsperre ist die Niedrigwasseraufhöhung der Ruhr, Hochwasserschutz, Wasserkrafterzeugung und Erholung. Vom Fuß der Staumauer führt eine 56 Meter hohe **„Himmelstreppe"** mit 328 Stufen zur Dammkrone und mündet dort in eine **Aussichtsplattform** mit Blick auf Meschede.

Hennesee

Badebucht Hennesee

Am Ende des Sees gelangt man in ein kleines Seitental und fährt immer leicht ansteigend durch Erflinghausen und gelangt talwärts nach Nichtinghausen. Leicht hügelig fahren wir über Reiste nach Bremke und fahren nun ein Stück auf dem SauerlandRadring, den wir am Abzweig nach Salinghausen wieder verlassen. Nun geht es weiter geradeaus hinauf auf den Bahntrassenradweg durch das Tal der Wenne. Schon kurz danach erreichen wir

Wenholthausen

Der Erholungsort liegt links unterhalb der ehemaligen Bahntrasse und ist mehrfach im Landeswettbewerb „Unser Dorf soll schöner werden“ ausgezeichnet worden. Er lädt zum Verweilen und Einkehren ein. Kurz hinter Wenholthausen lohnt sich ein Abstecher zum kleinen **Esmecke-Stausee** mit bewirtschafteter Rasthütte.

*Nach kurzer Weiterfahrt erreichen wir **Meschede-Berge**.*

❷ Jüppchenpark.

Direkt unterhalb des Radweges befindet sich der Jüppchenpark. Er lädt wegen seiner Pflanzenpracht und der kleinen Teichanlage mit Brunnen zum Pausieren ein. Ein Spielplatz, eine Schutzhütte samt Grillplatz und Kneippanlage mit Tret- und Armbecken versüßen hier die Pause. Zusätzlich kann man die Wasserreserven mit dem dort erhältlichen frischen Quellwasser auffüllen.

❸ Berger Mühle ✿

Direkt am Wenneufer befindet sich die Wassermühle der Familie Heinemann. 1991 renoviert, ist sie auch heute wieder voll in Betrieb, jedoch wurden die alten Mühlenräder durch moderne Turbinen ersetzt. Bei einer Führung durch die Mühle bekommt man die alten Mauerwerke, Mahlwerke und Abfüllmaschinen, das Stauwehr, den wiederhergestellten "Backes", den Gewölbeofen, in dem das duftende, gesunde Schrotbrot gebacken wird, zu sehen. Nicht zuletzt lädt das urige Mühlencafé zum Verweilen ein. **Termine nur nach Vereinbarung!**

Oberberger Straße 11a, 59872 Meschede - Berge,
Tel. 0 29 03 / 85 01 01

Nach Überquerung der neuen Ruhrbrücke erreichen wir Wennemen und treffen auf den RuhrtalRadweg.

Wennemen

war früher Eisenbahnknotenpunkt. Die Bahnstrecke traf hier von Finnentrop kommend auf die Ruhrtalbahn.

Über den RuhrtalRadweg gelangen wir leicht hügelig wieder zurück nach Meschede.

❹ Abtei Königsmünster ♁

Weithin sichtbar thront sie imposant über der Stadt. Sie wurde 1964 nach den Plänen des Kölner Architekten Hans Schilling eingeweiht. Die Abtei legt großen Wert auf den Kontakt nach außen. Sie bietet vielfältige Möglichkeiten zur geistlichen Einkehr aber auch zu weltlichen Tagungen und Veranstaltungen. Es besteht die Möglichkeit, am Leben und den Gebetszeiten der Mönche teilzunehmen. Darüber hinaus bietet die Oase ein Haus der Besinnung und Begegnung insbesondere für junge Leute. Freunde der Architektur sollten sich hier auch das eindrucksvolle „Haus der Stille“ anschauen. Es bietet zwanzig Einzelzimmer.

Klosterberg 11, 59872 Meschede, Tel. 02 91 / 2 99 50,
www.koenigsmuenster.de (Bett+Bike-Betrieb)

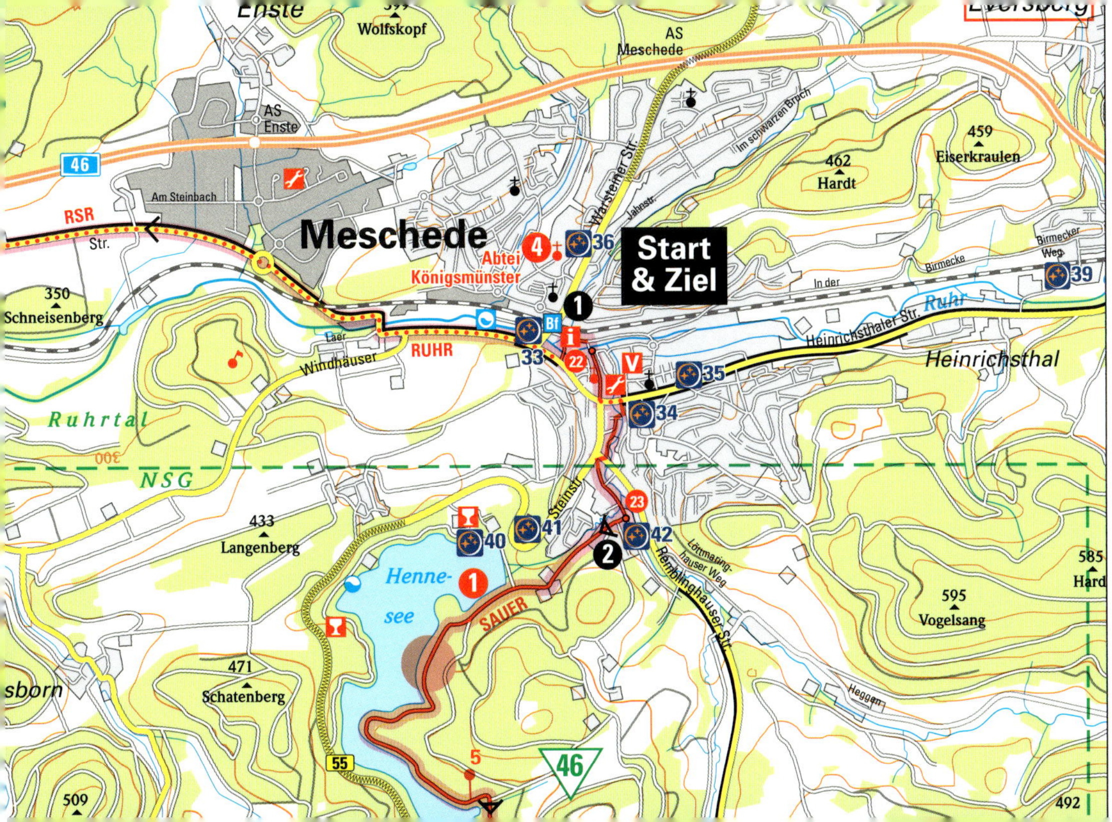

Wegbeschreibung

km

❶ **Bahnhof Meschede** Bf → *links* 200 m bis zur **Ruhrbrücke** → über die Brücke ***geradeaus*** durch die *Ruhrstraße* bis zur *B55* → überqueren und ***links*** auf *Hennestr.* → vor Kreuzung ***rechts*** in Überhenne, sofort ***rechts*** in *Mühlengasse*, sofort ***links*** in *Am Kreishaus*, → am Beginn Parkplatz ***links*** in den Park, nach Brückenunterquerung ***links*** in die Straße *Am Rautenschemm*.

2

❷ Am Gasthof Dickel nach ***rechts*** in *Am Hübbelsberg* → immer ***geradeaus*** bis zum ❶ **Hennesee-Staudamm** → ***geradeaus*** weiter bis zum Damm, Vorstaubecken Hennesee.

Hennesee

Wegbeschreibung

km 10 ❸ ***Rechts*** über den Damm und dann ***links*** auf den Radweg ➔ nach 150 m nach ***rechts*** Straße überqueren und ***geradeaus*** weiter Richtung Erflinghausen.

Meschede Abtei Königsmünster

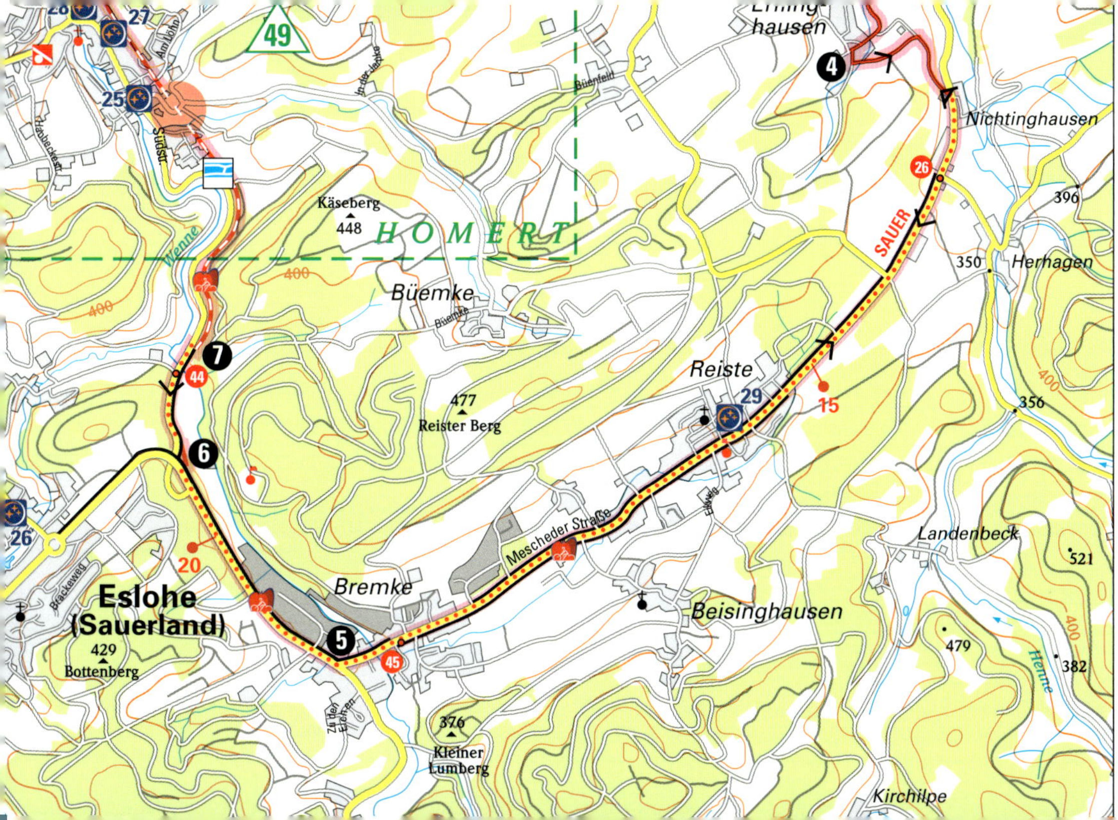

Wegbeschreibung

❹ In Erflinghausen Höhe Hofhotel Kramer nach ***links*** abbiegen, nach 80 m wieder ***links*** abbiegen den Anstieg hoch → nach Abfahrt ***rechts*** auf die *B55* → gegenüber der Tankstelle ***geradeaus*** auf den Radweg wechseln und immer ***geradeaus*** bis Bremke.

❺ Ab Abzweig nach Schmallenberg ***rechts*** halten, dann wieder auf Radweg wechseln,

❻ an der Radwegegabelung ***rechts*** halten → unterhalb der Brücke ***rechts*** halten,

❼ nach der schmalen Brückenüberfahrt nach ***rechts*** den Bergeinschnitt hinauf und ***geradeaus*** dem **Bahntrassen-Radweg** folgen.

SauerlandRadring bei Bremke

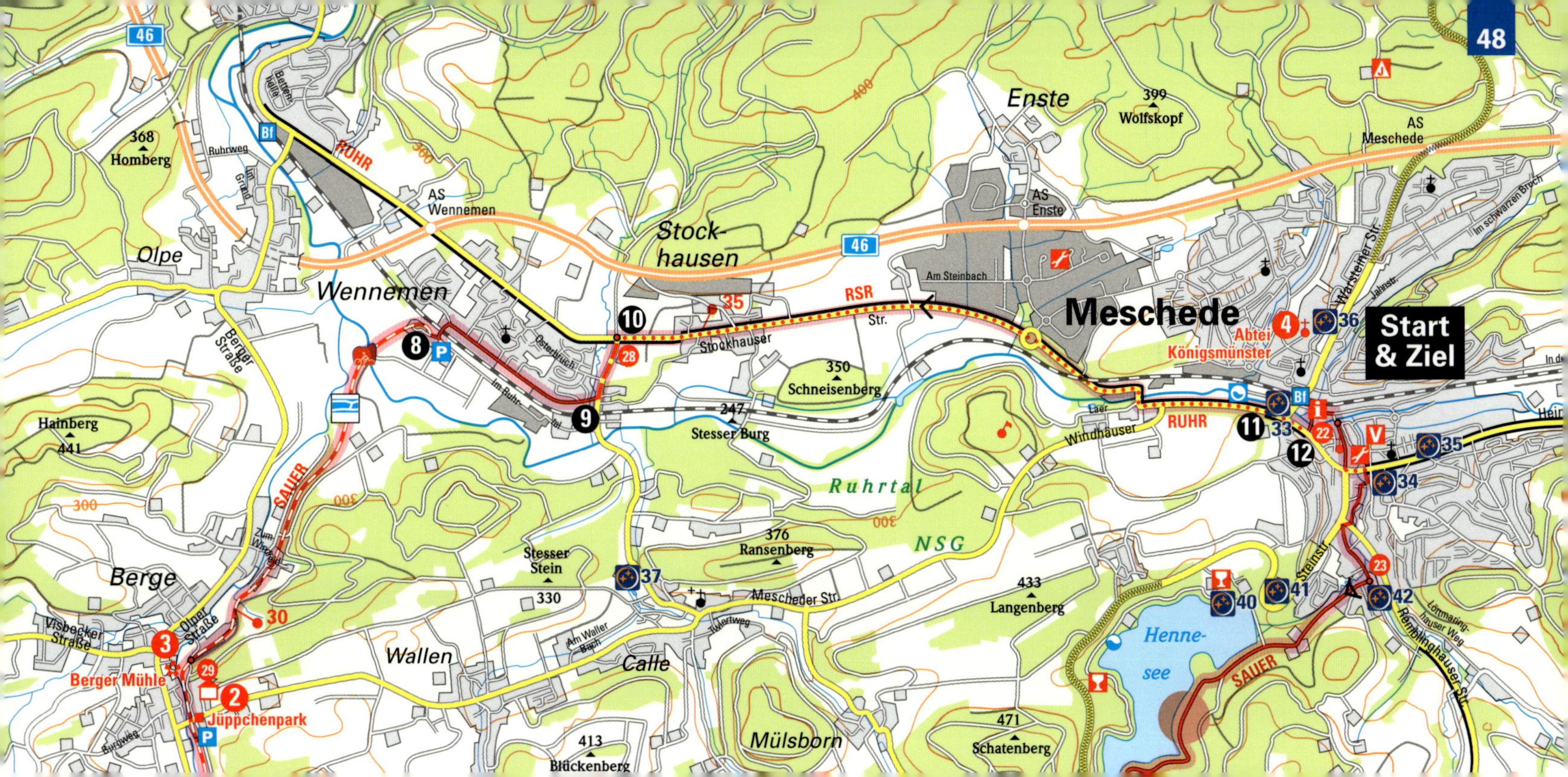
Start & Ziel
Meschede
Abtei Königsmünster
Enste
Wolfskopf
399
AS Meschede
AS Enste
AS Wennemen
Stock-hausen
Am Steinbach
Wennemen
Olpe
Homberg
368
Ruhrweg
Im Grund
RUHR
Bf
Betten-halle
Berger Straße
Stockhauser Str.
RSR
Schneisenberg
350
Stesser Burg
247
Windhäuser
Laer
Hainberg
441
Ruhrtal
NSG
SAUER
Zum Wiesengrund
Ostenbruch
Im Ruhrtal
Stesser Stein
330
Ransenberg
376
Mescheder Str.
Tudertweg
Am Waller Bach
Langenberg
433
Berge
Olper Straße
Visbecker Straße
Berger Mühle
Jüppchenpark
Burgweg
Wallen
Calle
Mülsborn
Blückenberg
413
Schatenberg
471
Henne-see
Steinstr.
Lörmecke-hauser Weg
Remblinghauser Str.
Warsteiner Str.
Jahnstr.
Im schwarzen Bruch
Heinr
In de
46
400
300
2
3
4
8
9
10
11
12
22
23
28
29
30
33
34
35
36
37
40
41
42

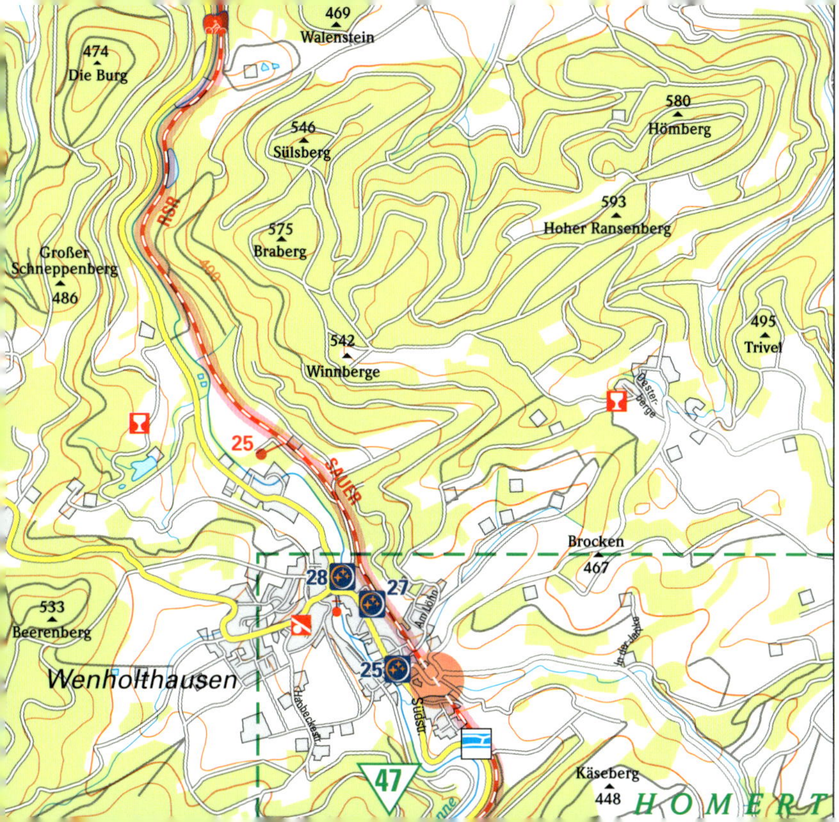

Wegbeschreibung

km

Vorbei am **2 Jüppchen-Park** und der **3 Berger Mühle** bis hinter die blaue Ruhrbrücke in Wennemen,

8 am Ende des Radweges scharf ***links*** über den Bahnübergang und sofort ***rechts*** der *Südstraße* folgen, immer ***geradeaus*** bis zur Kreuzung,

9 kurz vor der Kreuzung ***links*** auf den Bürgersteig wechseln, diesem nach ***links*** folgen bis zur *L753*, dort treffen Sie auf den RuhrtalRadweg,

34,5

10 ***rechts*** auf den Radweg Richtung Meschede → in Stockhausen auf ***linke*** Straßenseite wechseln und weiter Richtung Meschede,

11 zur **4 Abtei Königsmünster** der Str. folgen, ***links*** auf *B 55*, nächste ***links*** auf *Pulverturmstr.*, ***rechts*** auf *Klosterberg*,

11 auf den Parkplatz des Frei/Hallenbades wechseln, ***geradeaus*** und dann ***rechts*** haltend unter der Brücke her bis zur Kreuzung,

12 ***geradeaus*** über die Kreuzung und dann nach ***links*** auf den Bürgersteig und ***geradeaus*** bis **1 Bahnhof Meschede** Bf.

SRR Henneseeschleife beim Jüppchenpark in Berge

Fledermaustunnel Westportal

Tour 6
Folgen Sie der Fledermaus

auf dem SauerlandRadring, Teil 1

Seit 2007 verbindet der SauerlandRadring die Orte Finnentrop, Eslohe, Schmallenberg und Lennestadt. Er führt über 84 Kilometer durch ausgedehnte Laub- und Nadelwälder. Die erste Etappe verläuft überwiegend auf alten Bahntrassen und daher sehr steigungsarm. Hauptattraktion ist der 689 Meter lange Fledermaustunnel bei Fehrenbracht.

Tour 6	Tourinformationen
Start/Ziel	Bahnhof Finnentrop / Bf / Zentrum Schmallenberg
Länge/Varianten	49,5 km, (3,1 km Innenstadttour Bad Fredeburg) Bahntrassenanteil 31,5 km, 65%
Ausschilderung	Radnetz NRW, SauerlandRadring, Ruhr-Sieg-Radweg
Wegbeschaffenheit	durchgehend asphaltiert, straßenbegleitende Radwege, Nebenstraßen, Bahntrasse
Steigungen	geringe Steigungen, da überwiegend Bahntrasse

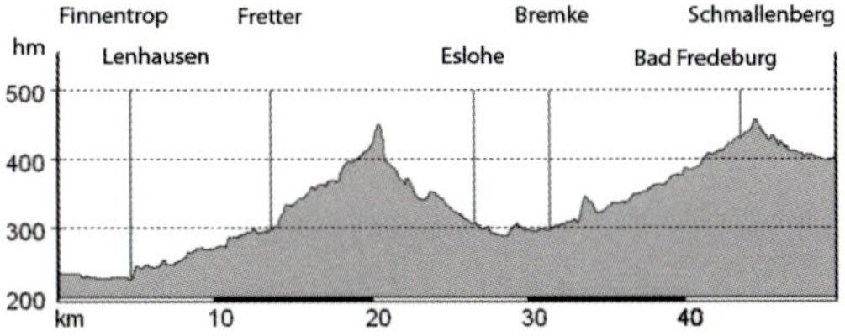

Vorbei an technischen Denkmälern und Museen, stillen Winkeln und attraktiven Schwimmbädern, endet die erste Etappe in Schmallenberg.

Übersicht

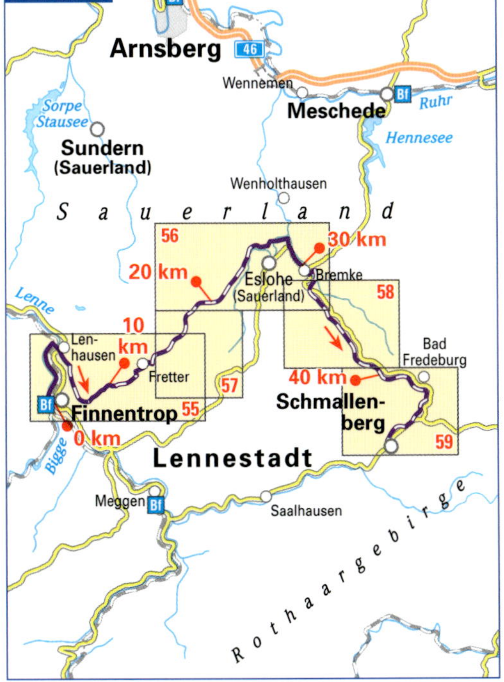

DIE TOUR BEGINNT *am Bahnhof Finnentrop* Bf *1861 wurde die Ruhr-Sieg-Eisenbahn in Betrieb genommen und Finnentrop entwickelte sich zu einem wichtigen Eisenbahnknotenpunkt. Während die Strecke Finnentrop – Olpe/Biggesee heute noch in Betrieb ist, wurde die Strecke Finnentrop – Wennemen 1966 eingestellt. Heute verläuft auf dieser Trasse der SauerlandRadring. Zunächst führt die Route zum*

1 Schloss Lenhausen

Es liegt direkt an der Kreuzung. Bereits zwischen den Jahren 1313 und 1338 wurde das Wasserschloss errichtet und befindet sich seit dem 15. Jahrhundert im Besitz der Familie der Grafen von Plettenberg-Lenhausen. Es ist nur eine Außenbesichtigung möglich.

StoppOmat

Sportliche Radler können von hier aus einen Abstecher nach Rönkhausen zum Pumpspeicherwerk machen, um am StoppOmaten auf der ausgewiesenen Bergstrecke ihre persönliche Zeit zu messen. Auf 4,5 Kilometern Streckenlänge sind hier 250 Höhenmeter zu bewältigen.
www.stoppomat.de

Schloss Lenhausen

Frettermühle

Auf dem Weg in Richtung Eslohe führt die Route durch das Frettertal an der Frettermühle und in Fretter direkt an der Knochenmühle vorbei.

❷ Frettermühle ✲

Die „Alte Mühle" liegt direkt am SauerlandRadring. Die ehemalige Getreidemühle wird seit 1989 zur umweltfreundlichen Stromerzeugung genutzt. Ausführliche Besichtigungen der Mühle sind nur nach Absprache möglich.

Mühlenwinkel 2, 57413 Finnentrop-Frettermühle,
Tel. 0 27 21 / 7 08 72

❸ Knochenmühle Fretter ✲

Am Ortsrand von Finnentrop-Fretter ist rund um die historische Knochenmühle und dem zugehörigen Teich ein kleines Naherholungsgebiet entstanden - ein Ort, der zum Verweilen, Spielen, Entspannen und Natur erleben einlädt. Die Knochenmühle ist eine Wasserradmühle und ist um 1900 errichtet worden. Sie diente der Herstellung von Knochenmehl, welches als Dünger verwendet wurde. Die Anlage wurde 1945 stillgelegt. Inzwischen hat sie den Status eines technischen Kulturdenkmals und gilt mit ihrer Ausstattung in Nordrhein-Westfalen als einzigartig. *Besichtigung tel. unter 0 27 24 / 243 90 66.*

Gastronomie-Tipp: Bereits seit annähernd 900 Jahren befindet sich der Hof in Familienbesitz und schon im 17. Jhd. war ein gastronomischer Betrieb Teil des Hofes.
Fretterstraße 29, 57413 Finnentrop-Serkenrode,
Tel. 0 27 24 / 2 46

Ab Fretter steigt der Radweg leicht an und führt uns zum 410 Meter hoch gelegenen

❹ Fledermaustunnel

Er ist eines der Highlights des SauerlandRadrings. 789 Meter lang und durchschnittlich 10 Grad kühl, bietet er ein schaurig-schönes Erlebnis. Seinen Namen hat er übrigens von den seltenen Fledermäusen, die ihn als Winterquartier nutzen. Gesichtet wurden hier unter anderem die Bartfledermaus, das Große Mausohr und das Braune Langohr. Zwischen Oktober und Anfang April ist er deshalb auch geschlossen und das andere Ende des Tunnels ist nur über eine Umfahrung zu erreichen. Der Tunnel markiert mit 413 m ü. NN den zweithöchsten Punkt des SauerlandRadrings.

Ab dem Tunnel in Richtung Eslohe läuft es nun wie von selbst, immer mit leichtem Gefälle bis

Eslohe

Der Ursprung der Gemeinde Eslohe geht zurück auf die Zusammenfassung der Einwohner des Kirchspiels Eslohe zu einem gemeinsamen Kirchspielsgericht. Der Ort wurde erstmals 1204 als Rittersitz der Familie von Esleven urkundlich erwähnt. Der staatlich anerkannte Luftkurort mit Kurpark lädt zum Verweilen ein.

5 Dampf-Land-Leute-Museum

Ein tolles Museum, das auf über 2.000 qm zeigt, wie der Mensch die Energie von Wasser und Feuer in der Vergangenheit nutzte. Ein Schwerpunkt ist die Geschichte der Eisenverarbeitung im Sauerland sowie ein volkskundlich-kulturgeschichtlicher Ausstellungsbereich. Besonders lohnt sich ein Besuch zu den Esloher Dampftagen Ende Mai und Ende September.
Homertstraße 27, 59889 Eslohe, Tel. 0 29 73 / 24 55 und Tel. 0 29 73 / 8 00-2 20, www.museum-eslohe.de

Gastronomie-Tipps:
Esloher Brauhaus, St.-Rochus-Weg 1, 59889 Eslohe, Tel. 0 29 73 / 97 65-0, www.essel-braeu.de
Forellenhof Poggel, Homertstraße 21, 59889 Eslohe, Tel. 0 29 73 / 9 71 80, www.forellenhof-poggel.de

Bei Bremke gelangt man auf den nächsten längeren Bahntrassenabschnitt, der konstant leicht bergauf an Bad Fredeburg vorbei nach Schmallenberg führt.

SauerlandRadring vor Eslohe

Bad Fredeburg

liegt nur ein paar hundert Meter abseits der Bahntrasse in einer der waldreichsten Regionen Deutschlands. Seit 2011 ist Bad Fredeburg Heilstollenkurbetrieb. Der schmucke Fachwerkort lädt zu einer Altstadttour ein, die direkt am SauerlandBad und dem in Deutschland einzigartigem Gerichtsmuseum vorbei führt und schöne Ausblicke auf die Stadt bietet.

6 SauerlandBad

Liegt nicht weit weg vom Radweg.
Sportzentrum 1, 57392 Schmallenberg, Tel. 0 29 74 / 9 68 00, www.sauerland-bad.de

7 Gerichtsmuseum Bad Fredeburg

Einzigartig in Nordrhein-Westfalen. Vom Femegericht bis zur heutigen Rechtsprechung zeigt es eine interessante Sammlung zur Geschichte des Justizwesens.
Im Ohle 6, 57392 Schmallenberg-Bad Fredeburg, Tel. 0 29 74 / 9 02 22 nur im Rahmen einer Führung. www.gerichtsmuseum.de

Kurz hinter Bad Fredeburg wird mit 460 m ü. NN der höchste Punkt des SauerlandRadrings erreicht. Die ehemalige Bahntrasse verläuft hier im tiefen Einschnitt durch das Schiefergebirge. Von hier aus sind es nur noch ein paar Kilometer bergab bis zum Etappenziel Schmallenberg. Wer mit Kindern unterwegs ist, dem sei der Abenteuerspielplatz „Wilde 13" in Gleidorf kurz vor Schmallenberg ans Herz gelegt.

Wegbeschreibung

km

1. Start **Bahnhof Finnentrop** Bf → über die **Gleisbrücke** die Rampe hinunter zum Lenneufer und dann nach ***rechts***,
2. am Stellwerk Nord ***geradeaus***, vor der **Aussichtsplattform Lichtblick** ***links***, hinter der Brücke, ***geradeaus*** weiter bis Sportplatz,
3. (4) ***rechts*** durch Unterführung, am **1 Lenhauser Schloss** ***geradeaus***, (zum StoppOmat am Schloss ***links*** Richtung Rönkhausen) am Parkplatz ***rechts*** → sofort ***links*** zum **Bahntrassenradweg**, vorbei an der **2 Frettermühle**,
4. nach ***rechts*** abbiegen über die Holzbrücke und immer ***geradeaus***,
5. nach Ende Radweg ***links*** und dann ***rechts*** halten *Kalkwerkstraße*,
6. (13) vor der Kirche ***rechts*** abbiegen und anschließend ***rechts*** halten → am Ende *Brückenweg* ***links*** abbiegen und sofort ***rechts*** auf *Esloher Straße*,
7. nach ***rechts*** Richtung **3 Knochenmühle** abbiegen → kurz danach ***links*** auf den Radweg Richtung Eslohe abbiegen.

Knochenmühle

Start
Finnentrop
Schloss Lenhausen
Lenhausen
Frielentrop
Schönholthausen
Ostentrop
Fretter
Knochenmühle
Schöndelter Straße
Ramscheid
Schöndelt
Dupp
Rippenstein
Raizeberg
Weringhausen
Juberg
Mondschein
Egge
Melbecke
Bamenohl
Haus Bamenohl
Altfinnentrop
Muttersteinhöhle
Rönkhausen
Glinge
Glingebachtalsperre
Pastenberg
Almert
Route StoppOmat
Lenhausen
Schloss Lenhausen
SAUER
LENNE
RSR
Westfalenstr.
Bamenohler Str.
Attendorner Str.
Heilfwecker Weg
Esloher Straße
Ramscheider Straße
Kiliansstr.

Brenschede
Kupferberg
535
Homert
573
Reinscheid
Henneberg
559
Büen
510
Krähenberg
566
Essenberg
656
Homert
610
Halloh
Dampf-Land-Leute-Museum
SAUER
44
13
477
Reister Berg
Im Mühlental
12
5
25
Steltenberg
438
26
Sieperting
NSG
Mettenberg
504
Niedersalwey
Vellberg
Salweytal
Kreuzweg
Brackeweg
RSR
42
Eslohe (Sauerland)
418
Bulstein
429
Bottenberg
Bremke
30
Mesc
14
45
15
561
Kohlhölzchen
Obersalwey
Hasenknick
569
376
Kleiner Lumberg
Zu den Eichen
542
Rührberg
11
458
Die Höhe
445
Hardt
Schliprüthen
Brachter Höhe
Kückelheim
Franziskusstr.
Bremscheid
4
Fledermaustunnel
527
Kahlenberg
458
Im Lohe
Auf der Sange
512
511
Kathenberg
581
55
10
20
471
Krähenhagen
Isingheim
58
400
600

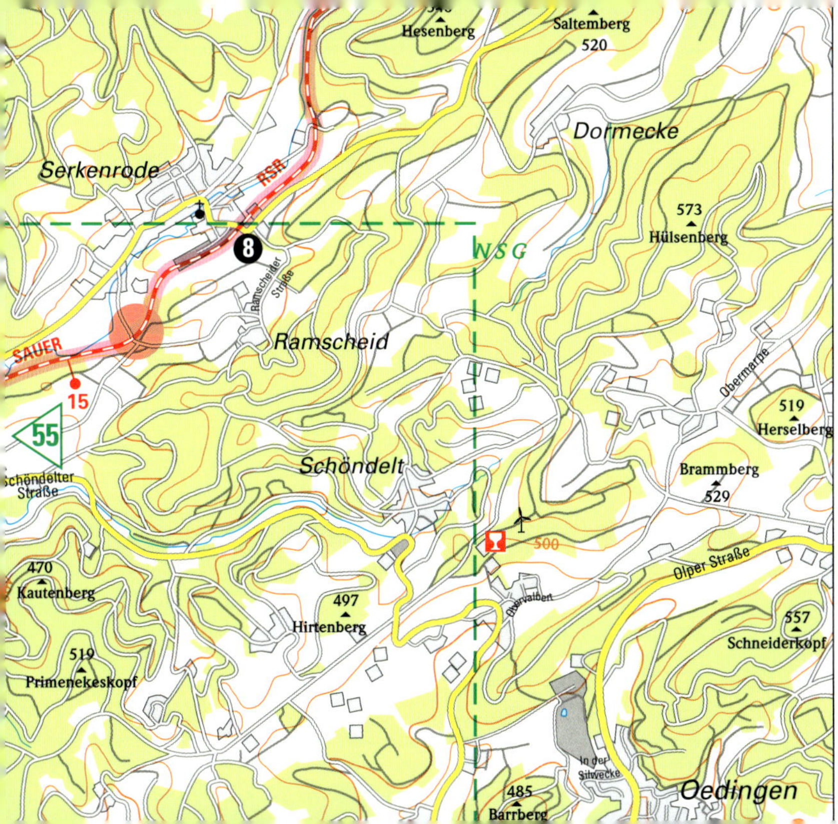

Wegbeschreibung

❽ Am Radwegende ***rechts*** auf dem Bürgersteig bleiben, dann Straße queren und weiter Richtung Fledermaustunnel fahren,

❾ in Fehrenbracht ***links*** und sofort wieder ***rechts*** radeln,

❿ Durchfahrt ❹ **Fledermaustunnel**,

⓫ nach Abschwung Straße queren und auf dem Radweg weiterfahren,

⓬ in Höhe ❺ **Dampf-Land-Leute Museum Eslohe** die Straße überqueren und dem Radweg folgen bis zum Ende → ***links*** abbiegen Richtung Sallinghausen, durch den Ort ***geradeaus***,

⓭ über die Straße und ***rechts*** abbiegen → dann unterhalb der Brücke ***links*** abbiegen,

⓮ am Ortseingang **Bremke** zur rechten Straßenseite wechseln und der Straße Richtung Meschede folgen,

⓯ bei den roten Pollern nach ***rechts*** Richtung Schmallenberg über die **Bahntrasse**.

Dampf-Land-Leute-Museum Eslohe

Wegbeschreibung

km	Sightseeing per Velo – Bad Fredeburg
	Bei km 42 150 m nach der Straßenquerung nach Ebbinghoff *links* durch den Wald bis zur *Bundesstr.* → ***geradeaus*** in *Leisestr.* und *Mothmecke* bis zum Kirchplatz → ***rechts*** *im Ohle* → am 7 Gerichtsmuseum ***links*** in *Am Kurhaus* und ***geradeaus*** in *Alter Bahnhof* → am Ende ***rechts*** zur *Bundesstr.* → dort ***rechts*** und hinter El Molino ***links*** zum Radring, dort ***links***.

Ortsansicht Bad Fredeburg

Wegbeschreibung

km 50

16 Am Ende des Radweges *rechts* halten → beim Kreisverkehr nach der zweiten Straßenquerung *rechts* fahren → am nächsten Kreisverkehr zwei Straßen überqueren → den Piktogrammen folgen.

Tagesziel Tour 6 Schmallenberg erreicht – oder weiter mit Tour 7

Blick auf Schmallenberg

SauerlandRadring bei Theten

Tour 7
Durchs Lennetal nach Finnentrop

SauerlandRadring, Teil 2

Die zweite Etappe führt nach Finnentrop und ist identisch mit dem Verlauf der Lenneroute von Winterberg nach Hagen. Ab Schmallenberg rollt es immer talwärts durch schöne Fachwerkorte und den Kurort Saalhausen mit neu gestaltetem Kurpark. Ab Lennestadt-Altenhundem wird das Tal schmaler und ist geprägt von der Bahnstrecke Hagen-Siegen und der Lenne. Sehenswert sind die Sauerland-Pyramiden mit Galileo-Park und das benachbarte Bergbaumuseum Sicilia-Schacht in Meggen mit Blick über das Lennetal.

Tour 7	Tourinformationen
Start/Ziel	Zentrum Schmallenberg / Bahnhof Finnentrop Bf
Länge/Varianten	34,3 km, (1,5 km Innenstadttour Schmallenberg) Bahntrassenanteil 2,2 km / 6%
Ausschilderung	Radnetz NRW, Lenneroute SauerlandRadring
Wegbeschaffenheit	Bis auf 2,6 km durchgehend asphaltiert, straßenbegleitende Radwege, Nebenstraßen, Waldwege
Steigungen	Kaum Steigungen, zwei kurze Anstiege hinter Saalhausen und Meggen

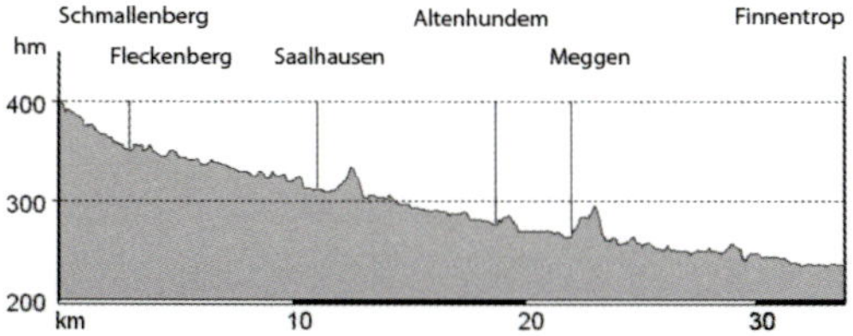

DIE TOUR BEGINNT *am Eiscafe (Schützenplatz 1) in Schmallenberg.*

Schmallenberg

ist die flächengrößte kreisangehörige Stadt Nordrhein-Westfalens und eine der flächengrößten Städte Deutschlands. Die Stadt an der Lenne war im Mittelalter Mitglied der Hanse. Seit dem 15. Jahrhundert lässt sich hier Textilgewerbe nachweisen. Heute ist Schmallenberg Firmensitz der Fa. FALKE und Zentrum der Sauerländer Textilindustrie. Dies brachte Schmallenberg den Beinamen „Strumpfstadt“ ein. Schmallenbergs Innenstadt zählt zu den "Historischen Stadtkernen" Nordrhein-Westfalens und zeichnet sich durch klassizistische Häuser, Kopfsteinpflaster und stille Winkel aus, in denen es viele Geschichten und Anekdoten sowie Historisches zu entdecken gibt. Wer mehr erfahren möchte, sollte eine Stadtführung machen (auch mit dem Rad möglich). Der Verkehrsverein Schmallenberg bietet regelmäßige Stadtführungen durch den historischen Stadtkern Schmallenbergs an (Beginn jeweils um 14.00 Uhr, Anmeldung bis einen Tag vorher: *Verkehrsverein Schmallenberg, Poststraße 7, Tel. 0 29 72 / 97 40 18, info@schmallenberg.info).*

Schmallenberg

Vorbei am Holz- und Touristikzentrum geht es über den Philosophenpfad bzw. den Holzerlebnisparcours auf der ehemaligen Bahntrasse talwärts direkt zur denkmalgeschützten

❶ Besteckfabrik Fleckenberg

Das Gebäude der Besteckfabrik wurde 1865 errichtet und beherbergte ursprünglich eine Wollspinnerei. Mit Nutzung der Wasserkraft der Lenne, wurden dort von 1938 bis 1982 Essbestecke produziert. Ein 900 Meter langer Mühlengraben versorgte die Durchströmturbine mit Wasser. Am 29. November 1990 wurde das Gebäude unter Denkmalschutz gestellt und die Fabrik und die alten Maschinen wieder hergerichtet. Seit der Eröffnung am 8. September 2000 zeigt man hier wie früher Besteck hergestellt wurde.

Wiesenstraße 11, 57392 Schmallenberg-Fleckenberg, Navigationsadresse und Parkplatz: Wiesenstraße 1, Schmallenberg, Tel. 0160 45 34 159, www.besteckfabrik-fleckenberg.de

Weiter führt die Tour durch Fleckenberg lenneabwärts in das Örtchen Lenne. Beide Orte beeindrucken durch ihr

Besteckfabrik Fleckenberg

sehenswertes Fachwerk. Auch das Bundesgolddorf Milchenbach kann hier punkten. Es liegt von Störmecke ca. 1 Kilometer leicht bergauf. Schon kurz danach fahren wir in den Luftkurort ***Saalhausen*** *ein.*

Auch hier werden Freunde des Fachwerks begeistert sein. Das beschauliche Örtchen an der Lenne ist wirklich einen Stopp wert. Ein Besuch des Kurparks und des Naturschwimmbades ist hier zu empfehlen. Weiter durch das Lennetal erreichen wir ***Lennestadt-Altenhundem****, das nur am Rande berührt wird. Wer aber seine Vorräte für unterwegs auffüllen möchte, findet hier entsprechende Geschäfte und Supermärkte. Der SauerlandRadring führt weiter durch den Ortsteil Meggen.*

❷ Sauerland-Pyramiden

Hier befindet sich u. a. der Wissens- und Rätselpark „Galileo-Park“. Es werden Ausstellungen und multimediale Präsentationen zu exotischen und wissenschaftlichen Themen gezeigt. Von der Aussichtsterrasse genießen Sie den schönen Ausblick auf das Lennetal.

Sauerland Pyramiden 4-7, 57368 Lennestadt-Meggen, Tel. 0 27 21 / 6 00 77-10, www.sauerland-pyramiden, www.galileo-park.de

Sauerland-Pyramiden und Sicilia Schacht Meggen

❸ Industriedenkmal Sicilia-Schacht

Hier wurde seit den frühen 1850er Jahren Schwefelkies, der vor allem zur Produktion von Schwefelsäure benötigt wurde, bergmännisch gewonnen. Es war eines der am frühesten aufgeschlossenen und bedeutendsten Vorkommen dieser Art in Deutschland. Die ehemaligen Bergbauanlagen der Firma Sachtleben können besichtigt werden.
Siciliastraße, 57368 Lennestadt-Meggen,
www.bergbaumuseum-siciliaschacht.de,
Öffnungszeiten: sonntags von 15.00 bis 18.00 Uhr,
Führungen auch werktags nach Vereinbarung
Tel. 0 27 21 / 8 14 34

In Trockenbrück treffen wir auf die B55.

❹ Elspe-Festival

Wer etwas mehr Zeit mitbringt, kann hier nach rechts einen Abstecher zum berühmten **Elspe-Festival** unternehmen. In Europas größtem reinen Show- und Festivalpark erleben Sie neben den Karl-May-Festspielen von Juni bis September auch Gastspiele bekannter Stars und im Winterprogramm die beliebten Dinnershows.
Tel. 0 27 21 / 9 44 40, www.elspe.de

Vor der Unterführung der Bahnstrecke Hagen-Siegen sollten Sie eine Pause im **essBahnhof Grevenbrück** einlegen. Hier kann man im ehemaligen Bahnhof Grevenbrück direkt an den Gleisen in stilvollem Ambiente einkehren.
Bahnhofsplatz 10,
57368 Lennestadt,
Tel. 0 27 21 / 7 17 46 00,
www.ess-bahnhof.de.

Entlang der Bahnlinie gelangen wir in den Finnentroper Ortsteil Bamenohl. Direkt am Ortseingang liegt das ***Haus Bamenohl****, dessen Außenbesichtigung möglich ist. Entlang der Lenne erreichen wir den Bahnhof Finnentrop, unser heutiges Tourende. Hier hat man die Möglichkeit, auf den Ruhr-Sieg-Radweg einzubiegen und biggeaufwärts in Richtung Biggesee oder lenneabwärts auf der Lenneroute Richtung Hagen zu radeln.*

Elspe-Festival

Wegbeschreibung

Ausflug in die Innenstadt Schmallenberg

Am zweiten Kreisverkehr in Schmallenberg erste Straße nach ***links*** überqueren, auf der zweiten Str. nach ***links*** auf die *Oststr.*, am Ende ***rechts*** auf die *Weststr.* zurück zum Kreisverkehr, dort vor dem Kreisverkehr ***links***, den Piktogrammen folgen.

Innenstadt Schmallenberg

Wegbeschreibung

km

Start in Schmallenberg am der Ende Tour 6

1. In Höhe der Eisdiele ***rechts*** hinunter → auf der anderen Straßenseite auf den Radweg,
2. am Anfang der Gefallstrecke sofort ***rechts geradeaus*** → im Verlauf der *Lennestraße* folgen zur **1 Besteckfabrik Fleckenberg**, dann bis *B236*,
3. an der *B236* ***links*** und am Abzweig nach Bad Berleburg ***rechts*** in *Jagdhauser Str.* → am Beginn des steilen Anstiegs ***rechts*** in Straße *Am Folohne* → dann immer ***geradeaus*** bis Lenne,
4. in Lenne ***rechts*** und an der *B236* ***links***.

4

Besteckfabrik Fleckenberg

Wegbeschreibung

km 10

❺ Am Abzweig nach **Milchenbach *links*** und sofort ***rechts*** → dem Weg folgen bis **Saalhausen** Sportplatz,

❻ nach dem Sportplatz ***rechts*** und vor der Brücke ***links*** → der Radwegebeschilderung folgen → ***rechts*** abbiegen auf *An der Jenseite* → am nächsten Abzweig ***links*** halten → immer ***geradeaus*** über die *K27* bis zur *B236*,

❼ ***links*** auf den Radweg bis Lennestadt-Altenhundem.

SauerlandPyramiden Lennestadt

Halberbracht
557
Hamberg
619
Jürgensberg
Hebberg
581
688
Himberg
667
Hoher Lehnberg
536
Eben
Harbecke
611
Haferhagen
Stöppel
Hundesossen
An der Helle
LENNE
Lenne
5
4
65
607
Herrscheid
5
603
Kuhhelle
Bünte
552
356
461
Störmecke
39
Störmecke
Kähling
622
Langeneier Kopf
Gleierbrück
Saalhausen
10
351
Winterberger Str.
Saalhauser Str.
Gleier Str.
400
69
460
Kickenbach
31
Fredeburger Str.
7
LENNE SAUER
32
6
A.d. Jenseite
Roßnacken
586
Milchenbach
Härdler Str.
Kippesberg
658
Rennacken
465
Langenei
15
Schmallenberger Str.
236
Kickenbacher Hammer
Steinberg
624
Ilberg
621
Kahleberg
711
37
Lenne
Kirchberg
553
Steinernes Kreuz
461
Härdler
756
469
Stelborner Klippen
640
Kuhhagen
452
Stelborn
Bettinghof

Wegbeschreibung

km

10 ***Links*** abbiegen (**Abstecher** zum **4** Elspe-Festival ***rechts*** 1 km) **bitte auf der linken Straßenseite bleiben** → ***links*** über die Lennebrücke → an der Ampel ***geradeaus*** → an der Fußgängerampel Straße überqueren → kurz ***links***, sofort wieder ***rechts*** → ***geradeaus*** an der Tankstelle vorbei → dann ***rechts*** in Serpentinen unter der Bahnstrecke her,

28 **11** sofort nach ***rechts*** an der Gärtnerei ***geradeaus*** entlang der Bahnlinie → am Ende scharf ***rechts***, ***links*** über die kleine Brücke → ***rechts*** über den Bahnübergang bis zur *B236*,

12 vor dem Kreisverkehr ***links*** über die Insel → weiter Richtung Finnentrop → in Höhe Lidl ***geradeaus*** über die Ampel,

13 dann ***links*** in die Straße *Im Ohl* bis zur Lenne → dort ***rechts*** entlang der Lenne → ***links*** über die Radbrücke und sofort wieder ***rechts*** dem Radweg folgen → nach der Unterquerung der Eisenbahnbrücke ***links*** abbiegen und über den Steg die Brücke überqueren,

33 **14** nach der Tennishalle ***links***, dann ***rechts***, Eisenbahnbrücke unterqueren, ***geradeaus***, dann Straße unterqueren.

15 **Bahnhof Finnentrop** Bf.

Wegbeschreibung

km

8 240 Meter nach dem Kreisverkehr ***rechts*** abbiegen ➔ nach dem Wehr ***links*** unter der Brücke her ➔ hinter den Schulen her ➔ an der Brücke vorbei in die Straße *Eiling* ➔ nach der Straßenquerung ***geradeaus*** in *Barbarastraße* (***rechts*** bergauf nach **2** Sauerland-Pyramiden und **3** Sicilia Schacht) ➔ am Ende ***geradeaus*** in die schmale Straße ➔ am Ende der Straße vor der Villa ***rechts*** steil hoch (**bitte schieben**) ➔ immer ***geradeaus*** bis hinter die Kläranlage,

24 **9** dort ***rechts*** abbiegen ➔ immer ***geradeaus*** bis zur *B55*.

Elspe Festival

Burg Schnellenberg

Tour 8
Bahntrassenradeln pur bis zum Biggesee

auf dem Ruhr-Sieg-Radweg, Teil 1

Der in 2014 eröffnete Radweg verläuft auf 113 km zwischen Meschede/Ruhr und Kirchen/Sieg. Er verbindet nicht nur zwei Flüsse, sondern über Eslohe, Finnentrop, Attendorn, Olpe, Wenden, Freudenberg auch das Sauerland mit dem Siegerland und dem nördlichen Westerwald. Die erste Etappe ist geprägt von einem hohen Bahntrassenanteil und dem 689 m langem Fledermaustunnel als Höhepunkt.

Tour 8	Tourinformationen
Start/Ziel	Bahnhof Meschede Bf / Bahnhof Attendorn Bf
Länge/Varianten	57,7 km (3,2 km Innenstadttour Attendorn), Bahntrassenanteil 24,7 km / 43%,
Ausschilderung	Radnetz NRW, SauerlandRadring, Ruhr-Sieg-Radweg
Wegbeschaffenheit	Durchgehend asphaltiert, straßenbegleitende Radwege, Nebenstraßen, Bahntrasse
Steigungen	Leichte Steigungen Richtung Wennemen und Richtung Fledermaustunnel sowie vor Attendorn, zwei kurze steile Anstiege bei Kückelheim und vor Attendorn

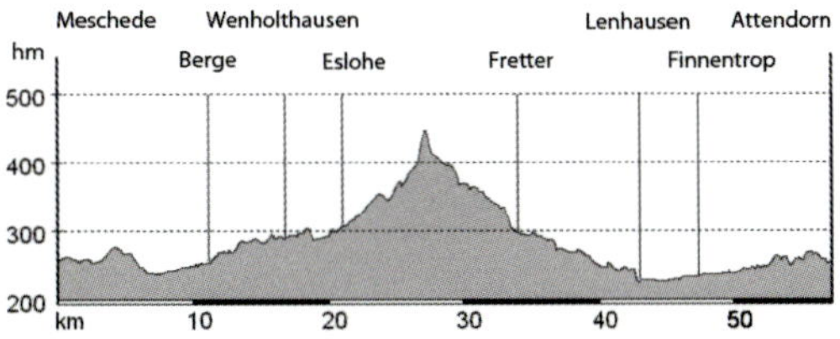

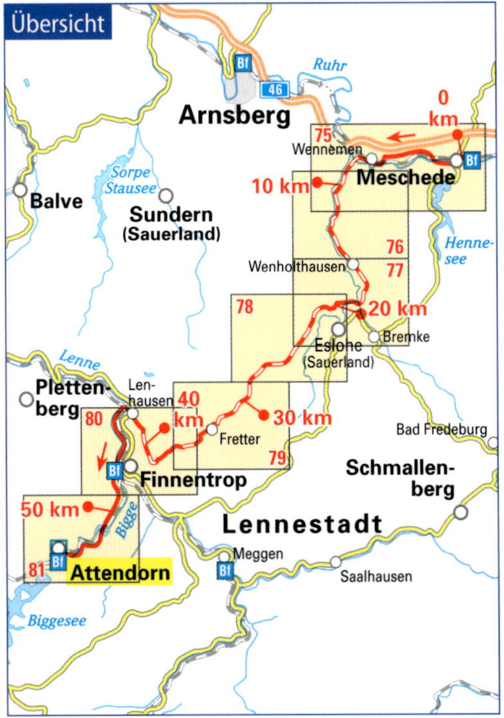

DIE TOUR BEGINNT am ***Bahnhof Meschede*** Bf *Über die Coventrybrücke verlassen wir die Kreisstadt und fahren auf dem RuhrtalRadweg bis Wennemen. Hier biegen wir in südliche Richtung auf den Bahntrassenradweg durch das Wennetal ab.*

❶ Berger Mühle

Direkt am Wenneufer befindet sich die Wassermühle der Familie Heinemann. 1991 renoviert, ist sie auch heute wieder voll in Betrieb, jedoch wurden die alten Mühlenräder durch moderne Turbinen ersetzt. Bei einer Führung durch die Mühle bekommt man die alten Mauerwerke, Mahlwerke und Abfüllmaschinen, das Stauwehr, den wiederhergestellten "Backes", den Gewölbeofen, in dem das duftende, gesunde Schrotbrot gebacken wird, zu sehen. Nicht zuletzt lädt das urige Mühlencafé zum Verweilen ein. **Termine nur nach Vereinbarung!**
Oberberger Straße 11a, 59872 Meschede-Berge,
Tel. 0 29 03 / 85 01 01

❷ Jüppchenpark

Direkt unterhalb des Radweges befindet sich der Jüppchenpark. Er lädt wegen seiner Pflanzenpracht und der

Dampf-Land-Leute-Museum

kleinen Teichanlage mit Brunnen zum Pausieren ein. Ein Spielplatz, eine Schutzhütte samt Grillplatz und Kneippanlage mit Tret- und Armbecken versüßen hier die Pause. Zusätzlich kann man die Wasserreserven mit dem dort erhältlichen frischen Quellwasser auffüllen.

Wenholthausen

Der Erholungsort liegt rechts unterhalb der ehemaligen Bahntrasse und ist mehrfach im Landeswettbewerb „Unser Dorf soll schöner werden" ausgezeichnet worden. Er lädt zum Verweilen und Einkehren ein. Kurz vor Wenholthausen lohnt sich ein Abstecher zum kleinen **Esmecke-Stausee** mit bewirtschafteter Rasthütte.

Wir verlassen für ein kurzes Stück die Bahntrasse und fahren über Sallinghausen zum Luftkurort

Eslohe

Der Ursprung der Gemeinde Eslohe geht zurück auf die Zusammenfassung der Einwohner des Kirchspiels Eslohe zu einem gemeinsamen Kirchspielsgericht. Der Ort wird urkundlich erstmals 1204 als Rittersitz der Familie von Esleven erwähnt. Der staatlich anerkannte Luftkurort mit Kurpark lädt zum Verweilen ein.

❸ Dampf-Land-Leute-Museum

Ein tolles Museum, das auf über 2.000 qm zeigt, wie der Mensch die Energie von Wasser und Feuer in der Vergangenheit nutzte. Ein Schwerpunkt ist die Geschichte der Eisenverarbeitung im Sauerland sowie ein volkskundlich-kulturgeschichtlicher Ausstellungsbereich. Besonders lohnt sich ein Besuch zu den Esloher Dampftagen Ende Mai und Ende September.
Homertstraße 27, 59889 Eslohe,
Tel. 0 29 73 / 24 55 und 0 29 73 / 8 00-2 20
www.museum-eslohe.de

Nach Eslohe erreichen wir, wieder auf der Bahntrasse, den berühmten

❹ Kückelheimer „Fledermaustunnel"

689 Meter lang und durchschnittlich 10 Grad kühl, bietet der Fledermaustunnel ein schaurig-schönes Erlebnis. Seinen Namen hat er übrigens von den seltenen Fledermäusen, die ihn als Winterquartier nutzen. Gesichtet wurden hier unter anderem die Bartfledermaus, das Große Mausohr und das Braune Langohr. Zwischen Oktober und Anfang April ist er deshalb auch geschlossen. Eine Winterumfahrung ist ausgeschildert. Der Tunnel markiert mit 413m ü. NN den höchsten Punkt des Ruhr-Sieg-Radweges.

Von nun an radeln wir gemütlich talwärts durch das schöne Frettertal in Richtung Finnentrop.

❺ Knochenmühle Fretter ✲

Die Knochenmühle ist eine Wasserradmühle und wurde um 1900 errichtet. Sie diente der Herstellung von Knochenmehl, welches als Dünger verwendet wurde. Die Anlage wurde 1945 stillgelegt. Inzwischen hat sie den Status eines technischen Kulturdenkmals und gilt mit ihrer Ausstattung in Nordrhein-Westfalen als einzigartig.

Frettermühle

❻ Frettermühle ✲

Die „Alte Mühle" liegt direkt am SauerlandRadring. Ausführliche Besichtigungen der Mühle sind nur nach Absprache möglich.

Mühlenwinkel 2, 57413 Finnentrop-Frettermühle, Tel. 0 27 21 / 7 08 72

❼ Schloss Lenhausen

Es liegt direkt an der Kreuzung. Bereits zwischen den Jahren 1313 und 1338 wurde das Wasserschloss errichtet und befindet sich seit dem 15. Jahrhundert im Besitz der Familie der Grafen von Plettenberg-Lenhausen. Daher ist nur eine Außenbesichtigung möglich.

Nach der Durchfahrt durch den Lennepark am Finnentroper Bahnhof verlassen wir das Lennetal und biegen in südliche Richtung in das Biggetal ab. Vorbei am Ahauser Stausee erreichen wir die Hansestadt Attendorn, das Ende der ersten Etappe des Ruhr-Sieg-Radweges.

Sightseeing per Velo – Attendorn

Attendorn liegt an dem Schnittpunkt zweier historischer Fernverkehrsstraßen, der Heidenstraße und der so genannten „Königsstraße". In der Zeit Karls des Großen entstand hier eine Urpfarrei. Unter dem Boden der St.-Johannes-Kirche sind die Fundamente einer Missionskirche vorhanden. Die erste urkundliche Erwäh-

Burg Schnellenberg

nung Attendorns fand 1072 im Rahmen der Stiftungsurkunde des Klosters Grafschaft durch Erzbischofs Anno von Köln statt.

8 Burg Schnellenberg

Direkt oberhalb des Ruhr-Sieg-Radweges und von Attendorn thront die Burg Schnellenberg. Sie zählt zu den größten erhaltenen Burganlagen in Westfalen. Besonders sehenswert sind die Renaissance-Kapelle, der Rittersaal, die Gerichtslaube sowie Kapelle und Museum. Außerdem gibt es hier die Möglichkeit, zu übernachten.

Schnellenberg 1, 57439 Attendorn, Tel. 0 27 22 / 69 40, www.burg-schnellenberg.de

9 Atta-Höhle

Die Atta-Höhle ist Deutschlands größte Tropfsteinhöhle. Über einen 80 Meter langen Zugangsstollen erreicht man eine farbenprächtige Welt von Stalaktiten, Stalagmiten und Stalagmaten. Die Führung dauert ca. 40 Minuten bei kühlen 9° und einer Länge von 1.800 m.

Finnentroper Str. 39, 57439 Attendorn, Tel. 0 27 22 / 93 75-0, www.atta-hoehle.de

Atta-Höhle Attendorn

⑩ Pfarrkirche St. Johannes Baptist

Diese Kirche wird auch Sauerländer Dom genannt. Sie besitzt einen romanischen Turm aus der Zeit um 1200 und ein gotisches Langhaus aus dem 14. Jahrhundert. Auffallend ist die barocke Haube des Turms, die seit 1634 die Kirche ziert.

⑪ Südsauerland-Museum

Das Südsauerlandmuseum befindet sich direkt am Marktplatz im Zentrum der Stadt. Es bietet einen Einblick in die Geschichte des südlichen Sauerlandes. Kirchliche und irdische Zeugnisse der Vergangenheit sind hier ausgestellt, um den Besuchern Vergangenes rund um Attendorn & Umgebung näher zu bringen.

Alter Markt 1,
57439 Attendorn,
Tel. 0 27 22 / 37 11,
www.museum.attendorn.de

Wegbeschreibung

km

❶ Start am **Bahnhof Meschede** Bf → gegenüber Busbahnhof in *Brückenstraße* → am Ende der Coventry-Brücke sofort ***rechts*** hinunter unter der Antoniusbrücke her → bei der Parkplatzausfahrt ***rechts*** auf den Radweg → immer entlang der Landstraße bis Ortsende Stockhausen, dort auf linke Straßenseite wechseln,

5

❷ an der nächsten Kreuzung Straße überqueren und sofort nach ***links*** auf den Radweg abbiegen → eine Straße überqueren und am nächsten Abzweig ***rechts*** in die *Südstraße*, immer ***geradeaus*** bis zum Ende,

❸ dort nach ***links*** über den Bahnübergang und sofort ***rechts*** auf den beginnenden **Bahntrassenradweg**.

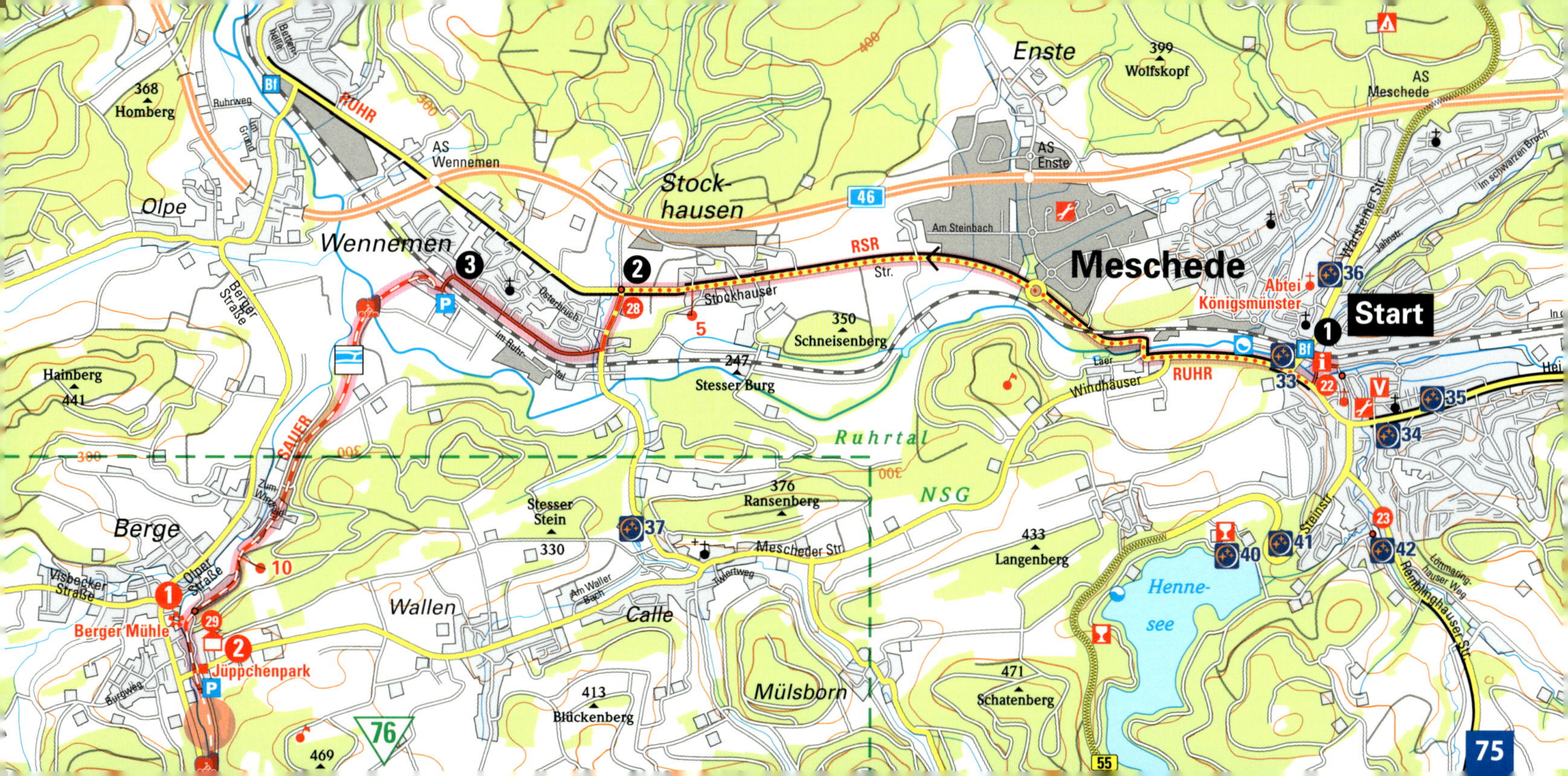
Start
Meschede
Abtei
Königsmünster
Wennemen
Stock-
hausen
Enste
399
Wolfskopf
AS
Meschede
AS
Wennemen
AS
Enste
46
Olpe
368
Homberg
Ruhrweg
RUHR
RSR
Am Steinbach
Stockhauser
Str.
350
Schneisenberg
247
Stesser Burg
Ruhrtal
NSG
Laer
Windhäuser
Hainberg
441
SAUER
Berger
Straße
Berge
Visbecker
Straße
Olper
Straße
Berger Mühle
Jüppchenpark
Burgweg
10
29
28
5
22
23
33
34
35
36
37
40
41
42
Stesser
Stein
330
376
Ransenberg
433
Langenberg
Mescheder Str.
Wallen
Calle
Mülsborn
413
Blückenberg
469
76
471
Schatenberg
Henne-
see
Steinstr.
Remblinghauser Str.
Warsteiner Str.
55
300
400

Wegbeschreibung

km

Vorbei an der 1 **Berger Mühle** und dem 2 **Jüppchenpark** in Berge dem **Bahntrassenradweg** folgen in Richtung Wenholthausen.

Bei Berge

Wegbeschreibung

4 Am Ende der steilen Abfahrt hinter der schmalen Brücke in Höhe der Bushaltestelle nach ***rechts*** in die gegenüberliegende Straße Richtung Salinghausen weiterfahren → den Ort durchfahren bis zur Landstraße,

5 dort ***rechts*** auf den Radweg Richtung Finnentrop → in Höhe des **3 DampfLandLeute-Museums Eslohe** die Straße queren → nach ***rechts***, kurzes Stück entlang der Straße bis zum Beginn des **Bahntrassenradweges** nach Finnentrop.

Dampf-Land-Leute-Museum Eslohe

Wegbeschreibung

km 26

❻ Vor Kückelheim nach ***rechts***, die Straße queren und den Anstieg hinauf Richtung Tunnel. Durchfahrt ❹ Fledermaustunnel, 689 Meter lang ➔ entlang des Sägewerks, am Ende ***links*** und sofort wieder ***rechts***.

Westportal Fledermaustunnel

Wegbeschreibung

km 33

❼ Vor Serkenrode Straße queren, ***links*** weiter,

❽ am Ende des Radweges nach ***rechts*** an der ❺ Knochenmühle ✿ vorbei bis zur *Landstraße* ➔ dort ***links*** ➔ vor dem **Gasthof zur Post** nach *links* abbiegen und sofort ***rechts*** in den *Brückenweg* ➔ am Dorfplatz ***links*** entlang der Kirche, ***links*** und dann ***rechts*** halten in die *Kalkwerkstraße* ➔ am nächsten Abzweig ***links*** halten und im Geländeeinschnitt nach ***rechts*** auf den Radweg ➔ am Ende über die Holzbrücke (**Vorsicht**) scharf ***rechts*** und dann ***links*** entlang der Straße.

Knochenmühle Fretter

Wegbeschreibung

km

Geradeaus vorbei an der 6 Alten Mühle ✿ in Frettermühle, bis kurz vor Lenhausen die Landstraße erreicht wird,

41 **9** an Landstr. ***links*** bis 7 Lenhauser Schloss, ***geradeaus*** in *Fretterbachstr.*, nach Viadukt ***links***, immer ***geradeaus*** → vor der Lennebrücke ***rechts*** unter der Brücke her entlang Lenne, nach der Auffahrt an der Aussichtsplattform „Lichtblick" ***geradeaus***

10 → am Stellwerk ***geradeaus*** durch den Lennepark , Brücke unterqueren, am Stellwerk vorbei,

47 **11** ***links halten*** über die Radbrücke → hinter der nächsten Brücke hoch, scharf ***rechts***, sofort ***links***, dann ***rechts*** bis zur Landstraße, dort ***links*** bis zum Bahnübergang → Straße queren und dem Radweg entlang der Gleise folgen.

Bau eines neuen Radwegs geplant!
Künftig hier ***geradeaus***, nach Bogen über die neue Radbrücke ***links*** und neuem Radweg auf der linken Straßenseite folgen.

Wegbeschreibung

km

⓬ Am Parkplatz ***links/rechts, geradeaus*** ,
Schloss Ahausen → unter der Eisenbahnbrücke ***rechts*** → nach Querung des Stausees ***rechts***,

54

⓭ vor Holzbrücke *links*.

Abstecher:

Am Ende des geteerten Radweges kurze steile Auffahrt zur ❽ Burg Schnellenberg.

Bei Tankstelle, ***rechts*** über Brücke und Kreuzung, nächste Str. *Am Zollstock* ***rechts***.

⓮ **Bahnhof Attendorn** Bf .

Sightseeing per Velo – Attendorn

⓭ Die Holzbrücke überqueren, ***links***, über Bahnübergang, ***geradeaus*** in *Finnentroper Str.* zur ❾ Attahöhle, nach Kreisverkehr zweite Str. ***rechts*** in *Nordwall*, am Ende ***links*** Str. queren, in *Am Seewerngraben*, ***links*** in *Truchseßgasse*, beim ❿ Sauerländer Dom (***links*** Alter Markt mit ⓫ Südsauerlandmuseum), ***rechts*** auf *Kölner Str.*, ***links*** in *Am Spindelsburggraben*, ***links*** in *Vergessene Str.*, am Ende ***rechts/links***, Am Hallenbad ***rechts*** in *Am Wassertor*, zwei Kreuzungen queren, nach Brücke sofort ***links*** auf Radweg Richtung Biggesee.

Am Biggesee

Tour 9
Vom Biggesee zur Sieg

Ruhr-Sieg-Radweg, Teil 2

Auf dem gesamten Radweg laden attraktive Orte, Museen und Bauwerke zum Verweilen ein. Von Attendorn, geprägt von der Burg Schnellenberg und der Attahöhle, Deutschlands größter und schönster Tropfsteinhöhle, radeln wir viele Kilometer entlang des Biggesees nach Olpe. Entlang des technischen Kulturdenkmals Wendener Hütte gelangen wir nach Durchfahrt des Hohenhainer

Tour 9	Tourinformationen
Start/Ziel	Bahnhof Attendorn Bf / Bahnhof Kirchen/Sieg Bf
Länge/Varianten	56,2 km (1,4 km Niederfischbach, Siegerländer Dom), Bahntrassenanteil 13,7 km / 24,5%
Ausschilderung	Radnetz NRW/RHL.-PF., Ruhr-Sieg-Radweg
Wegbeschaffenheit	Zu 99% durchgehend asphaltiert, straßenbegleitende Radwege, Nebenstraßen, Bahntrasse
Steigungen	Hinter Attendorn Serpentinen zum Biggesee, leichte Steigungen entlang Biggesee und von Rothemühle bis kurz hinter Römershagen

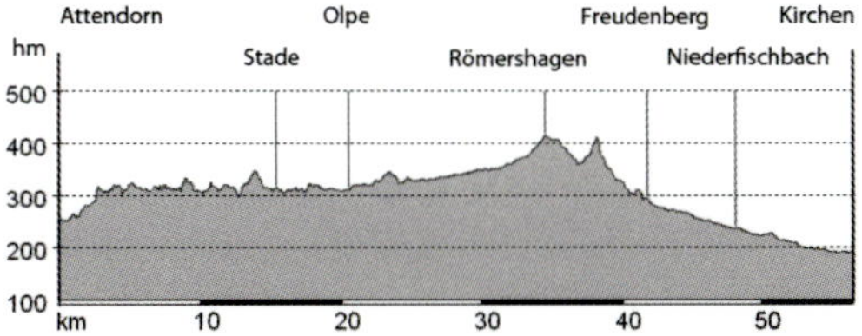

Tunnels nach Freudenberg mit seiner berühmten Fachwerk-Altstadt. Ein letztes Stück Bahntrassenradweg führt uns nach Kirchen, zur Perle an der Sieg.

DIE TOUR BEGINNT am Bahnhof Attendorn Bf. Nach nur wenigen Kilometern erreichen wir über einige Serpentinen den Damm des Biggesees.

❶ Biggesee

Der Biggesee ist 8,76 km² groß. Sein Staudamm entstand zwischen 1956 und 1965 und dient der Regulierung von Bigge, Lenne und Ruhr sowie der Wasserversorgung unter anderem des Ruhrgebiets. Er umfasst ein Stauvolumen von 150 Millionen Kubikmeter. Somit ist die Biggetalsperre vom Fassungsvermögen her die fünftgrößte Talsperre Deutschlands.

❷ Biggeblick

Die Aussichtsplattform „Biggeblick" ragt hoch über dem Biggesee. In 90 Meter Höhe kann man eine atemberaubende Aussicht auf den Biggesee und die umliegenden Berge genießen. Ein ganz besonderes Erlebnis ist auch die spektakuläre Beleuchtung am Abend.

Auf der ruhigen Ostseite des Sees radeln wir rund 17 km entlang und gelangen so in die Kreisstadt

Am Biggesee

Olpe

Wahrscheinlich entstand im 9. Jahrhundert auf einem fränkischen Reichshof eine dem heiligen Martinus geweihte erste Kirche. Dem sich entwickelnden Dorf wurden 1311 Stadtrechte verliehen. Vom 15. bis ins 18. Jahrhundert erlebte die Region eine wirtschaftliche Blütezeit, in der sich die Schmiedezünfte, vor allem die Pfannenschmiede, auch „Pannenklöpper" genannt, ganz besonders hervortaten. Im Jahr 1795 wurde die alte Stadt durch einen Großbrand fast völlig zerstört. Danach entstand eine auf dem Reißbrett entworfene neue Stadt, die ihr Gesicht bis heute bewahrt hat. Seit 1819 ist Olpe Kreisstadt. Aufgrund der Vielzahl von Linden, die man seit dem Beginn des letzten

Jahrhunderts anpflanzte, hatte die Stadt den Beinamen „Stadt der tausend Linden". In der Pfarrkirche St. Martinus befindet sich das Grab der Ordensgründerin der Franziskanerinnen von der ewigen Anbetung, Mutter Maria Theresia Bonzel, die im November 2013 selig gesprochen wurde. Direkt angrenzend befinden sich Reste der alten Stadtmauer mit Süd- und Hexenturm, sowie der Geschichtsbrunnen am Kurkölner Platz.

Wir verlassen Olpe auf einer ruhigen Nebenstraße und gelangen über Saßmicke und Gerlingen zum Museum

❸ Wendener Hütte

Die Wendener Hütte ist ein Technisches Kulturdenkmal und ein Museum zur Geschichte der Eisentechnologie im südlichen Westfalen. Die Hochofenanlage der Frühindustrialisierung (1728-1866) dokumentiert einen wesentlichen Markstein der industriellen Entwicklung im Olper Gebiet. Sie ist eine der ältesten Hochofenanlagen Deutschlands.
Hochofenstraße 6, 57482 Wenden, Tel. 0 27 61 / 8 14 01,
www.wendener-huette.de

Die folgende Strecke führt uns über wunderschöne Radwege durch landwirtschaftliche Flächen vorbei an Rothemühle zum Bahnhof Wildenburg. Hier beginnt der Bahntrassenweg Richtung Siegerland. Vorbei an „Klein Tirol" erreichen wird den 400 m langen ***ehemaligen***

❹ Eisenbahntunnel Hohenhain

Dieser Tunnel ist zu folgenden Zeiten beleuchtet:
Dezember bis Februar: 09.00 - 18.00 Uhr, März und November: 07.00-19.00 Uhr, April, Mai, September, Oktober: 07.00-21.00 Uhr; Juni bis August: 05.00-23.00 Uhr.

Von nun an geht's bergab nach ***Freudenberg****.*

❺ Alter Flecken

Als „Alter Flecken" wird die ganz in Fachwerkbauweise errichtete Innenstadt Freudenbergs bezeichnet. Sie ist einer der baugeschichtlich bedeutendsten Stadtkerne Westfalens und als Baudenkmal international anerkannt.

Die schwarz-weißen Fachwerkhäuser fügen sich zu einem einzigartigen historischen Stadtbild mit seiner weltbekannten Giebelparade zusammen. Seine harmonische Gestalt ist die Folge eines geschlossenen Wiederaufbaus nach zwei Brandkatastrophen in den Jahren 1540 und 1666.

❻ Technikmuseum Freudenberg

Das Technikmuseum zeigt interessante Exponate der Gewerbe- und Industriegeschichte; Herzstück ist eine Dampfmaschine von 1904 mit einer europaweit einmaligen mechanischen Werkstatt der Jahrhundertwende, angetrieben über Transmissionen und Lederriemen. Darüber hinaus zeigt das Technikmuseum historische Fahrzeuge aller Art und viele weitere Ausstellungsstücke.
Olper Straße 5, 57258 Freudenberg, Tel. 0 27 34 / 32 48,
www.technikmuseum-freudenberg.de
Öffnungszeiten: Mai bis Oktober dienstags - freitags von 13:00-16:00 Uhr und sonntags von 10:00-18:00 Uhr

Hinter Freudenberg gelangen wir auf den Bahntrassenradweg Asdorfer Radweg und überschreiten die Landesgrenze nach Rheinland-Pfalz.

❼ Eisenbahnmuseum Niederfischbach

Der Radweg führt direkt am ehemaligen Bahnhof von Niederfischbach vorbei. Dort findet sich ein kleines

Eisenbahnmuseum mit ein paar Metern Gleis, historischen Fahrzeugen, Signalen und anderen Erinnerungsstücken an die Bahn. Das Museum wird von der örtlichen IG Asdorftalbahn unterhalten.

8 Siegerländer Dom

Die Kirche „St. Mauritius und Gefährten“ in Niederfischbach wird oft aufgrund ihrer Größe als „Siegerländer Dom“ bezeichnet. Errichtet wurde die Kirche in den Jahren 1897/98. Der Siegerländer Dom ist die einzige Kirche im Landkreis Altenkirchen, die vier Türme hat, was ihre stolze Größte eindrucksvoll unterstreicht. Größte Sehenswürdigkeit der Kirche ist das Bodenmosaik Wurzel Jesse im Mittelgang des Kirchenschiffes. Es ist ein beliebtes Motiv der mittelalterlichen christlichen Kunst, in der der Stammbaum Christi als Baum dargestellt wird.

9 Die „Alte Rentei“

Die „Alte Rentei“ ist das Torhaus des Gutssitzes Junkernthal und wurde in Jahre 1743 erbaut. Gleich neben dem Torhaus befindet sich das an eine chinesische Pagode erinnernde Taubenhaus.

Siegerländer Dom Niederfischbach

Über Wehbach erreichen Sie Kirchen/Sieg und gelangen geradeaus zum Bahnhof Kirchen, dem Ende des Ruhr-Sieg-Radwegs.

Kirchen/Sieg

Kirchen liegt am Fuße des Westerwaldes mitten im Siegtal, im nördlichen Rheinland-Pfalz nahe der Grenze zu Nordrhein-Westfalen. Es ist anerkannter Luftkurort.

10 Heimatmuseum Kirchen

Mit dem Schwerpunkt Industriegeschichte stehen die Lokomotivfabrik Arnold Jung im Kirchener Jungenthal, sowie die Friedrichshütte in Wehbach im Mittelpunkt.

11 Freusburg

2,5 km von Kirchen entfernt liegt die Freusburg, eine Burganlage aus dem 11. Jahrhundert. Seit 1928 befindet sich dort eine der schönsten Jugendherbergen.

Wegbeschreibung

km	
	❶ Start am **Bahnhof Attendorn** Bf → ***links***, wieder ***links*** über Bahnübergang, erste Straße queren, nach Brücke sofort ***links***, vor Tankstelle auf Radweg Richtung ❶ Biggesee → am Beginn der Serpentinen scharf **links** Richtung Biggedamm → am Ende der Serpentinen ***geradeaus*** bis zum Biggedamm → dort ***links*** halten,
4	❷ am Ende des Parkplatzes ***rechts*** → am Ende des abgetrennten Radweges ***rechts***.
	Abstecher zum ❷ Biggeblick
	❷ ***Links***, nach 200 m ***links*** der Beschilderung folgen.

Biggeblick am Biggesee

Wegbeschreibung

km

3 Nach ***rechts*** über den Damm des Vorstaubeckens ➔ oben ***rechts*** ➔ am Kreisverkehr ***geradeaus*** ➔ nach Überquerung Biggebrücke ***rechts*** kurz steil hoch ➔ am Ende des Weges ***rechts*** ➔ an der nächsten Gabelung ***rechts*** hinunter ➔ am Vorstaubecken kurz ***geradeaus***,

15 **4** nach 140 m ***rechts*** auf den Radweg nach Olpe.

Blick auf Biggesee

Wegbeschreibung

km	
	5 In Höhe des Hallenbades Olpe ***rechts***, am Ende Parkplatz ***links*** → Str. queren, ***geradeaus*** hinter den Schulen/Rathaus her, dann ***rechts*** über die Brücke, ***geradeaus*** über den Kreisverkehr, der Straße nach ***links*** folgen.
	Abstecher Innenstadt Olpe
	5 ***Geradeaus*** den Wegweisern „alle Ziele“ folgen, hinter Cineplex ***links***.
20	**6** Am ersten Kreisverkehr ***geradeaus*** (hier Abzweig Bergischer Panorama-Radweg nach rechts), am zweiten Kreisverkehr ***rechts*** in die *Biggestraße*, immer ***geradeaus*** bis zum Ende der Straße → dort ***rechts*** und sofort wieder ***links*** → der schmalen Straße folgen.

Olpe, Kirche und Kurkölner Platz

Wegbeschreibung

km 26

7 Hinter der Autobahnbrücke ***links*** bis zur nächsten Straße → dort ***links*** und dann ***rechts*** in die Einbahnstraße *Am Beul* → kurz nach der Autobahnbrücke ***rechts*** auf den Radweg, am Ende über die Brücke und ***links*** → nach 150 m ***links*** zur *L512*,

8 dort ***rechts*** über die *Koblenzer Straße* bis zur hohen Autobahnbrücke → kurz vorher ***rechts*** Richtung Wendener Hütte → dem Verlauf folgen bis zur Landstraße.

9 Landstraße queren, über den Parkplatz, dem Radweg folgen → über das Gelände der 3 Wendener Hütte, ***rechts*** am Teich vorbei, immer ***geradeaus***, am Sporthotel Wacker ***geradeaus*** bis zum Ende des Waldes → dort ***rechts*** und zweite ***links*** auf Radweg.

Wendener Hütte

Wegbeschreibung

km 30

Nach 280 m ***rechts***, über die Brücke bis zur Landstraße

10 nach ***links*** auf Radweg, hinter Kreisverkehr Str. queren, nach ***links geradeaus*** bis zum Abzweig *Zum Sportplatz*

Hinweis!
In Zukunft wird die Route verlegt auf eine Bahntrasse. Die Route zweigt dann bereits hinter dem Autohaus Stahl in die Biggestraße ab. Der Ausschilderung folgen.

→ ***rechts***, kurz danach ***links*** bis zur nächsten Querstraße → dort ***links*** und sofort ***rechts*** an der nächsten Querstraße ***links*** → nach einem Rechtsbogen ***links*** Richtung Kirche in den Ort Römershagen → dort ***rechts*** immer der *Crottorfer Straße* folgen bis Wildenburg

11 Vor der Straßenkreuzung ***links*** auf den Radweg Richtung Freudenberg.

Hohenhainer Tunnel vor Freudenberg

Wegbeschreibung

km

❹ **Hohenhainer Tunnel** 400 Meter lang ➔ am Ende der Bahntrasse ***links*** den Berg hinunter bis zum Freibad Freudenberg ➔ an der Wendeplatte ***geradeaus*** in den *Gambachsweg* ➔ am Ende ***links*** in *Seelbachsecke* ➔ ***rechts*** in *Kölner Str.* ➔ nach 120 m ***links*** über die *Marktstr*. durch den ❺ **Alten Flecken** ➔ dann ***rechts*** in *Hinter der Kirche* ➔ am Ende ***links/rechts*** in schmalen Weg, über den *Morer Platz* ***geradeaus*** bis zum Kreisverkehr.

Abstecher zum ❻ **Technikmuseum Freudenberg**

⓬ 1 km nach ***links*** der *Bahnhofstr./Olper Str.* folgen.

41

⓬ ***Rechts*** am KV Str. überqueren, ***rechts*** auf Radweg ➔ ***geradeaus*** durch Freudenberg.

Alter Flecken Freudenberg

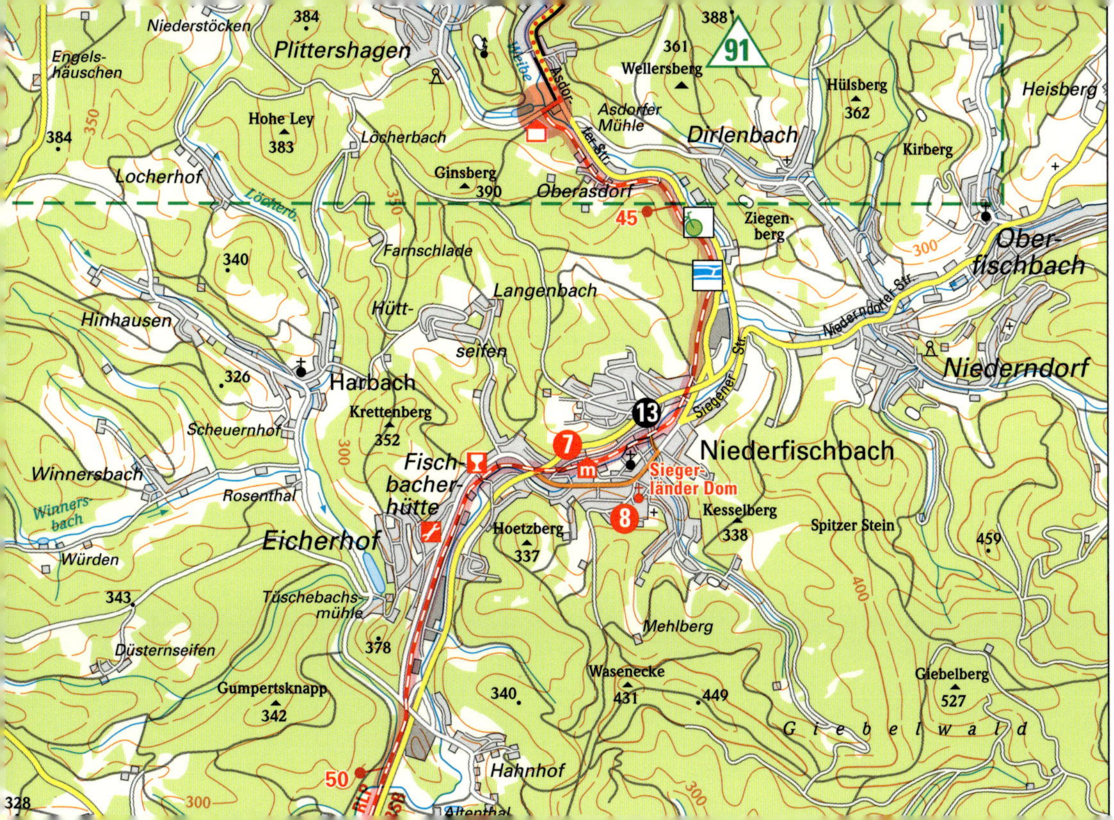

Wegbeschreibung

km

An der Ampel mit Induktionsschleife auf rechte Straßenseite wechseln und kurz danach ***rechts*** in die *Plittershagener Straße* → nach 160 m ***links*** auf den *Asdorfer Radweg* Richtung Betzdorf, dem **Bahntrassenradweg** folgen → vorbei am 7 Eisenbahnmuseum Niederfischbach.

Abstecher zum 8 Siegerländer Dom

47 13 Vom Radweg ***links*** auf *Mühlenhardtstr.*, ***links*** auf *Konrad-Adenauer-Str.*, kurz hinter ev. Kirche ***links*** in *Rothenbergstr.*, ***links*** zum Dom, hinter dem Dom zur *Kirchhofstr.*, am Ende ***links*** auf *Konrad-Adenauer-Str.*, hinter dem Fahrradmarkt in *Bahnhofstr.* und nach ***rechts*** auf Radweg.

Siegerländer Dom Niederfischbach

Wegbeschreibung

km

Dem Bahntrassenradweg vorbei an der **9** Alten Rentei folgen,

54 **14** in Höhe der Tankstelle Straße überqueren und dem Radweg rechts der Straße Richtung Kirchen folgen ➔ am nächsten Abzweig ***rechts*** und dann ***links*** über die Brücke ➔ am Ende ***geradeaus*** bis zum

15 **Bahnhof Kirchen** Bf, dem Ende des Ruhr-Sieg-Radweges und dieser Tour.

Torhaus zur von Hövelschen Rentei

Olpe

Tour 10
Aus dem Sauerland ins Bergische

Bahntrassenradweg auf der ehemaligen Aggertalbahn

DIE TOUR BEGINNT *am Bahnhof in Olpe Bf und schon bald sollten Sie am Cafe Extrablatt bei einer guten Tasse Kaffee den Ausblick auf den Biggesee genießen. Vorab lohnt sich der Abstecher ins nahe Zentrum von*

Tour 10	Tourinformationen
Start/Ziel	Bahnhof Olpe Bf / Bahnhof Dieringhausen Bf
Länge/Varianten	30,2 km Bahntrassenanteil 20,5 km / 68 %
Ausschilderung	Radnetz NRW, Bergischer Panorama Radweg, Agger-Bigge-Runde
Wegbeschaffenheit	Durchgehend asphaltiert
Steigungen	2 sehr kurze Anstiege, Gegenrichtung von Dieringhausen bis Wegeringhauser Tunnel stetig leicht ansteigend

Olpe

Der Stadt Olpe wurden bereits 1311 die Stadtrechte verliehen und sie wurde schon 1819 Kreisstadt des Kreises Olpe. Die idyllische Innenstadt mit ihren Gassen, Winkeln und Plätzen lädt zum Schlendern und Verweilen ein. Auf kurzen Wegen rund um die St. Martinus Pfarrkirche erlebt man die Stadtbefestigung mit Hexenturm, das Panneklöpper-Denkmal am Marktplatz, den Geschichtsbrunnen oder den Wäscherinnen-Brunnen an der Bleichewiese.

Übersicht

Treffpunkt Alter Bahnhof Hützemert

❶ Biggesee

Der Biggesee gehört zu den drei größten Stauseen Deutschlands mit einem Fassungsvermögen von rund 170 Millionen m³. Er bietet eine perfekte Infrastruktur zum Radfahren rund um den See und um den Listersee. Die weiße Flotte fährt auf dem Hauptsee ab Mitte April bis Mitte Oktober und ermöglicht auch einen Besuch der Aussichtsplattform Biggeblick oberhalb der Staumauer.

Nachdem Sie den Biggesee verlassen haben, radeln Sie auf dem Bahntrassenradweg bis Drolshagen und Hützemert. Dort sollten eine Pause einlegen am

❷ Treffpunkt Alter Bahnhof Hützemert

Der Treffpunkt Alter Bahnhof Hützemert wurde mit viel Liebe von den Einwohnern renoviert, sowohl der alte Bahnhof wie auch das gesamte Gelände. Die Jausenstation mit großzügigem Außenbereich lädt zum Verweilen ein. Als zusätzlich Terrasse lädt ein Flachwaggon zum Verweilen ein und ein außen dicht am Bahnhof abgestellter Waggon dient dem Dorfsaal im Inneren des Bahnhofs als Bühne.

Gut gestärkt verlassen Sie nun das Sauerland durch den

Wegeringhauser Tunnel

❸ Wegeringhauser Tunnel

Der Wegeringhauser Tunnel ist mit 724 m NRW's längster Fahrradtunnel. 1903 fand die Einweihung des Tunnels statt und ermöglichte eine durchgängige Zugverbindung von Köln-Kalk über Dieringhausen bis Olpe. 1993 fuhr der letzte Zug der Aggertalbahn durch den Tunnel und heute radeln unzählige Radfahrer auf der stillgelegten Bahntrasse.

Nun Radeln Sie auf der Trasse der ehemaligen Aggerbahn stetig bergab durchs Bergische Land und Sie sollten unbedingt einen Stopp einlegen bei der

❹ Evangelischen Kreuzkirche Wiedenest

Die sehenswerte evangelische Kreuzkirche Wiedenest ist zusammen mit dem angrenzenden Fachwerkensemble eines der schönsten Kirchspiele im Rheinland. Sie gehört wegen ihrer vielen gut erhaltenen Wandmalereien aus dem 15. Jhd. zu den bunten Kirchen im Oberbergischen Land.

Lage: Martin-Luther-Str. 1,
51702 Bergneustadt,
geöffnet von 9 bis 18 Uhr

Evangelische Kreuzkirche Wiedenest

Bergneustadt

Die Stadt Bergneustadt im Oberbergischen lädt zu einem Besuch der Altstadt mit ihren Fachwerkhäusern und dem sehenswerten Heimatmuseum und der Altstadtkirche ein.

Gastronomietipp: Holsteiner Fährhaus in Rebbelroth. Wenn Sie einmal wie in einem Museum essen möchten, sind sie hier genau richtig. Es ist eine Erlebniswelt und kein Restaurant im üblichen Sinne. Das Restaurant ist in verschiedene Themenwelten aufgeteilt und ausgestattet.

Hohensteiner Str. 7,
51645 Gummersbach,
Tel. 0 22 61 / 5 52 25

Nachdem Sie Bergneustadt passiert haben, radeln Sie weiter auf der Bahntrasse und erreichen das Ziel am Bahnhof Dieringhausen. Von da können Sie mit der Bahn nach Marienheide fahren und auf dem Bergischen PanoramaRadweg Bahntrassenradeln pur erleben. Oder Sie besuchen vorab das

❺ Eisenbahnmuseum Dieringhausen

Das Eisenbahnmuseum Dieringhausen befindet sich auf dem Gelände des ehemaligen Bahnbetriebswerk Dieringhausen. Herzstück des Museums ist der historische Lokschuppen mit elf Ständen aus dem Beginn des 20. Jahrhunderts mit dazugehöriger Drehscheibe. Auf dem 11.000 m^2 großem Areal befinden sich noch alle Anlagen, die zu einem echten Dampf-Bahnbetriebswerk gehören: Drehscheibe, Sturzbekohlung, Wasserkräne und auch Werkstätten. In den Werkstätten kann heute noch die Arbeit an den historischen Fahrzeugen beobachtet werden.

Bei regelmäßigen Fahrten als „Bergischer Löwe" können Sie die Kraft und Faszination der Dampflok „Waldbröl" und des historischen Fahrbetriebs erleben. Die Fahrt startet im Museum und führt auf der Strecke der Wiehltalbahn bis nach Wiehl.

Hohler Str. 2,
51645 Gummersbach,
Tel. 0 22 61 / 7 75 97

Eisenbahnmuseum Dieringhausen

Wegbeschreibung

km

❶ Start Bahnhof Olpe Richtung Biggesee → im Kreisverkehr 1. Ausfahrt und sofort ***links*** auf *Seeweg* → am Hallenbad ***links*** über die Brücke → dem *Seeuferweg* am ❶ **Biggesee** folgen → hinter der Kapelle ***links*** hoch, die Bahn überqueren, dann ***rechts*** Richtung Drolshagen →

❷ nach der Abfahrt sofort scharf ***rechts*** auf Bahntrassenradweg

❸ das Haus ***rechts*** umfahren und sofort ***links*** → nach dem Viadukt Straße ***geradeaus*** queren

5

❹ in Wenkhausen ***links*** in *Unterm Schierhagen* → am Wegende ***rechts*** in *Alte Landstraße* bis zum Kreisverkehr → 3. Ausfahrt nehmen Richtung Benolpe

❺ nach 200 m am Knotenpunkt 03 rechts in *Im Höfchen* → am Marktplatz ***links*** → nach 250 m ***links*** auf Radweg → immer ***geradeaus*** weiter →

10

❻ an der Ampel Straße queren → ❷ **Treffpunkt Alter Bahnhof Hützemert** hinter dem Bahnhof ***links***, ***geradeaus*** durch die Poller den Anstieg hoch → oben ***links*** Richtung Bergneustadt und über Serpentinen zum ❸ **Wegeringhauser Tunnel**

❼ am Knotenpunkt 36 ***geradeaus*** bis Bergneustadt

Hinweis: Hier zweigt nach links der Bergische PanoramaRadweg Richtung Aggertalsperre und Solingen ab

Aggertalsperre, Seeansicht

Bösinghausen
414
Bleche
Bühren
Eich-hagen
Schlade
AS Drolshagen
Stade
Bracht
429
Flugsportanlage
Wahlert
501
Schlenke
Germing-hausen
49
Auf dem
Dümpel
400
Wegering-hausen
Essing-hausen
Pusten-bach
Pernze
55
Wegering-hauser Tunnel (724 m)
E41
Hützenau
Bigge-see
Hardt
442
Olper Str.
BEPA
3
Send-schotten
45
Alperscheid
15
1
Treffpunkt Alter Bahnhof
Wintersohl
Frenk-hausen
55
54
Wörde
36
7
2
Hützemert
Hauptstr.
24
15
Imberg
rspe
6
2
Attenbach
400
Feldmanns-hof
10
14
Laubberg
381
Wenk-hausen
1
Start
7
Bf
Hagener Str.
417
Papenberg
Krähenberg
411
101
Belmicke
Brachtpe
55
4
370
9
Gipperich
5
54
Hüppcher-hammer
Zwerstall
5
BEPA
3
477
3
Altenothe
Sohl
Eichen
13
Benolpe
Drolshagen
Eichener Str.
Brelöh
437
Rummelsberg
Wormberg
Berling-hausen
Rübling-hausen
Bruchstr.
Wolfschlade
Neuenothe
Hallöh
418

Wegbeschreibung

km

Empfehlung für alle, die nach Marienheide wollen: Da nach der Aggertalsperre von Lantenbach nach Unnenberg ein steiler Anstieg von einem Kilometer mit 14 % Steigung folgt, kann man von hier über den Knotenpunkt 35 weiter bis Dieringhausen radeln und von dort mit der Bahn bis Marienheide fahren.

8 Zufahrt 150 m zur 4 Kreuzkirche Wiedenest: hier biegen Sie ***rechts*** ab und sofort wieder ***links*** zur Kirche

9 am Ende Radweg ***links*** halten und nach ***rechts*** Straße queren in *Bahnstraße* → Höhe Penny auf Radweg weiter, dann auf Radstreifen wechseln → kurz vor dem Kreisverkehr ***rechts*** am Kreisverkehr vorbei, (**Abstecher Altstadt:** hier ***geradeaus*** weiter zur Altstadt Bergneustadt im nächsten Kreisverkehr mit Wappenkugel ***rechts***) ***links*** über Zebrastreifen Richtung Gummersbach, Bahntrassenradweg folgen, am Knotenpunkt 35 ***geradeaus***

20

10 am Radwegende ***links*** in *Turmstraße*, nächste ***links*** in *Südstraße*, nächste ***rechts*** in *Querstraße* bis zur *Kölner Straße* B55 → dort ***links*** - auf linker Straßenseite bleiben, nach Raiffeisenmarkt ***links*** in *Südstr.* und sofort ***rechts*** dem Bahntrassenradweg → lange folgen bis Knotenpunkt 39

km

11 Dort leicht ***links*** halten in *Abbenohler Weg* Richtung Engelskirchen → der Bahntrasse folgen, am Ende ***links*** und sofort ***rechts*** in *Remmelsohler Str.*, am Ende ***links*** und Straße am Zebrastreifen queren und sofort ***rechts*** in *Am Bachersiefen* → nach 50 m ***links*** auf Radweg → am Ende ***geradeaus*** und sofort ***links*** in *Rospetalstr.* → bei der Einfahrt zum Lidl auf Bürgersteig weiter bis zur B55 → dort ***rechts*** → an der Einmündung *Strombachstr.* ***geradeaus*** bis Bahnhof Dieringhausen

30

Ab Dieringhausen besteht die Möglichkeit, mit der Bahn bis Marienheide zu fahren und seine Radtour auf dem Bergischen Panoramaradweg in Richtung Solingen fortzusetzen. Aber vorher sollten Sie nicht versäumen, 800 m weiter zu radeln und das 5 Eisenbahnmuseum Dieringhausen zu besuchen.

Evangelische Kreuzkirche Wiedenest

Steinenbrück
Weststr.
Karlskamp
Hardt-Hanfgarten
Gummersbach
Bernberg
Hesselbach
Dümmlinghausen
Leienbach
Agger
Hagener Str.
Wiedenest
Olper Str.
309
300
Heimatmuseum
Kölner Str.
Kreuzkirche
8
4
9
20
55
55A
99
332
Bergneustadt
Immicke
Brelö
Kalteneich
Mittelstebecke
Niederseßmar
Rebbelroth
Kölner Str.
Dorspe
BEPA
Südring
Derschlag
Baldenberg
35
39
11
25
10
Agger
256
288
Hahnbuche
Hüngringhausen
Zimmerseifen
Affen- und Vogelpark
330
Ersbach
Schmittseifen
monte mare
Eckenhagen
Oberagger
Dieringhausen
Remmelsohl
Fahrenberg
Merkausen
Dorn
Allenbach
Alpe
Ziel
5
30
Eisenbahnmuseum
41
Vollmershausen
Alferzhagen
Allinghausen
Hunsheim
Mittelagger
Eckenhagener
Bauernhof-
354
101

Informationsstellen

Allgemein

www.sauerland.com
www.moehnetalradweg.de
www.ruhrtalradweg.de
www.sauerlandradring.de
www.stoppomat.de
www.ruhr-sieg-radweg.de
www.panorama-radwege.de

Tour 1, 3

Brilon Wirtschaft u. Tourismus GmbH, Derkere Str. 10a, 59929 Brilon, Tel. 0 29 61/9 69 90, bwt@brilon.de

Stadt Rüthen Touristinformation, Hochstr. 14, 59602 Rüthen, Tel. 0 29 52 / 81 81 72, tourismus@ruethen.de

Tour 1, 2, 4

Wirtschafts- und Tourismus GmbH Möhnesee, Hauptstraße 19 in 59519 Möhnesee-Körbecke, Tel. 0 29 24 / 98 13 91 oder 92, info@moehnsee.de, www.moehnesee.de

Tour 3

Verkehrsverein Arnsberg e.V., Neumarkt 6, 59821 Arnsberg, Tel. 0 29 31 / 40 55, info@arnsberg-info.de

Tourist-Information Bestwig („Rund um den Hennesee"), Bundesstr. 139, 59909 Bestwig, Tel. 0 29 04 / 71 28 10, bestwig@hennesee-tourismus.de

Tour 3, 5, 8, 9

Tourist-Information Meschede („Rund um den Hennesee"), Le-Puy-Str. 6-8, 59872 Meschede, Tel. 02 91 / 9 02 24 43, meschede@hennesee-tourismus.de

Tour 4

Tourist Information Soest, Teichsmühlengasse 3, 59494 Soest, Tel. 0 29 21 / 1 03 61 10, willkommen@soest.de

Tour 5, 6, 7

Touristikinformation Lennestadt & Kirchhundem, Hundemstr. 18, 57368 Lennestadt , Tel. 0 27 23 / 60 88 00, info@lennestadt-kirchhundem.de

Kur- und Freizeit GmbH Schmallenberger Sauerland, Poststr. 7, 57392 Schmallenberg, Tel. 0 29 72 / 9 74 00, info@schmallenberger-Sauerland.de

Tour 5, 6, 7, 8, 9

Gemeinde Finnentrop, Bereich Tourismus, Am Markt 1, 57413 Finnentrop, Tel. 0 27 21 / 51 21 51, info@finnentrop.de

Kur- und Freizeit GmbH Schmallenberger Sauerland, Poststr. 7, 57392 Schmallenberg, Tel. 0 29 72 / 9 74 00, info@schmallenberger-Sauerland.de

Tour 8, 9, 10

Touristinformation am Rathaus Attendorn, Kölner Str. 9, 57439 Attendorn, Tel. 0 27 22 / 6 57 41 46 , tourismus@attendorn.org

SauerlandRadring bei Frettermühle

Touristikbüro Olpe, Westfälische Str. 11, 57462 Olpe, Tel. 0 27 61 / 83 19 00, touristikbuero@olpe.de

Touristinformation Freudenberg, Kölner Str. 1, 57258 Freudenberg, Tel. 0 27 34 / 43-1 64, tourist@freudenberg-stadt.de

Touristinformation Kirchen (Sieg), Lindenstr. 1, 57458 Kirchen (Sieg), Tel. 0 27 41 / 6 88-1 06, vg-kirchen@kirchen-sieg.de

Tour 10

Bürgerbüro u. Tourist Information Drolshagen, Am Mühlenteich 1, 57489 Drolshagen, Tel. 0 27 61 / 9 42 79 90 (ab 10 Uhr), info@drolshagen-marketing.de

Touristinformation im Heimatmuseum/Altstadt Bergneustadt, Wallstr. 1, 51702 Bergneustadt, Tel. 0 22 61 / 4 31 84, info@heimatmuseum-bergneustadt.de, www.bergneustadt-tourismus.de

BürgerService der Gemeinde Marienheide, Hauptstr. 20, 51709 Marienheide, Tel. 0 22 64 / 4 04 41 11, buergerservice@gemeinde-marienheide.de

Fahrradwerkstätten

Arnsberg

- Theo's Zweiradtreff, Dieselstr. 1, Tel. 0 29 31 / 78 82 40, www.theoszweiradtreff.de
- Quadflieg & Co. Heinrich-Lübke-Str. 11 (Hüsten), Tel. 0 29 32 / 44 24, www.fahrrad-arnsberg.de

Attendorn

- Mubea E-Mobility Center, Kölner Str. 100, 57439 Attendorn, Tel. 0 27 22 - 8 08 99 99, www.mubea-emobility-store.com
- Radsport Hellwig, Oberstr. 3, Tel. 0 27 22 / 77 59, www.radsport-hellwig.de

Bergneustadt

- Der Radladen, Kölner Str. 350, 51702 Bergneustadt, Tel. 0 22 61 / 9 69 73 73, info@derradladen-bergneustadt.de, www.derradladen-bergneustadt.de

Brilon

- Feldmann Fachmarkt, Papestr. 28, Tel. 0 29 61 / 97 53-0, www.feldmann-brilon.com
- Zweiradwelt Neumann, Keffelkerstr. 12, Tel. 0 29 61 / 9 89 54 90, www.liquid-life.de

Dieringhausen

- Radsport Nagel, Vollmerhauser Str. 72, 51645 Gummersbach, Tel. 0 22 61 / 2 42 55, info@radsport-nagel.de, www.radsport-nagel.de

Finnentrop

- A-Z Technik Hillebrand- Verleih und Service, Ostentroper Str. 4, 57413 Finnentrop Tel. 0 27 21 /66 04, a-ztechnik.de
- Alfons Christ Spezialfahrräder, Attendorner Str. 135, Tel. 0 27 21 / 71 77 80, www.christ-elektroauto-roller.de

Lennestadt

- Zweirad Rameil, Rinsenbergstr. 8 (Saalhausen), Tel. 0 27 23 / 88 50, www.zweirad-rameil.de
- Bike-Shop Clemens, Neukamp 5, Tel. 0 27 21 / 60 98 03, www.cbs-bikes.com
- DerRADgeber, In den Peilen 6 (Saalhausen), Tel. 0 27 23 / 8 06 66, www.der-radgeber.com

Meschede

- Fahrradfachgeschäft Hegener, Mühlenweg 1, Telefon 02 91 / 14 55, www.fahrrad-hegener.de
- Zweirad Zint, Zeughausstr. 4, Tel. 02 91 / 23 82, www.zint.de

Möhnesee

- Kiosk in Körbecke, Meister Stütting-Straße 3, 59519 Möhnesee, Tel. 0 29 24 / 22 64, www.kiosk-koerbecke.de

Neheim

- Wierleuker Zweiradfachgeschäft, Werler Str. 4 (Möhnepark), Tel. 0 29 32 / 8 30 84, www.wierleuker.de
- Zweirad Navel, Tappeweg 8, Tel. 0 29 32 / 89 99 99, www.zweirad-navel.de

Niederfischbach

- Radsport – Siegerland, Konrad-Adenauer-Str. 15, Tel. 0 27 34 / 47 87 08, www.radsport-siegerland.de

Olpe

- Fahrrad Feldmann, Am Breithammer 2, Tel. 0 27 61 / 6 29 09, www.fahrrad-feldmann.de

Soest

- Radstation Soest, Am Bahnhof 4, Tel. 0 29 21 / 1 44 41, www.radstation-soest.de
- Radleben - Soest, Walburgerstr. 24, 59494 Soest, Tel. 0 29 21 / 66 77 040, www.radleben.de
- Velo City Soest, Elfser Weg 27a, Tel. 0 29 21 / 3 13 18, www.velo-city-soest.de
- Tigges Fahrrad & Service, Immermannwall 29, Tel. 0 29 21 / 6 50 87, www.tiggesfahrrad.de

Fledermaustunnel Ostportal

Übernachtungsverzeichnis

Im Folgenden finden Sie neben den ADFC-Bett+Bike-zertifizierten weitere in Routennähe befindliche Beherbergungs-Betriebe.
Bett+Bike-Betriebe zeichnen sich dadurch aus, dass sie u.a. Radler auch nur für eine Nacht aufnehmen und mit einem reichhaltigen Frühstück bewirten. Die vom ADFC vorgeschriebenen Mindestanforderungen sowie aktuelle Adressen können Sie unter
www.bettundbike.de erfahren.
Die mit Nummer gekennzeichneten Adressen, finden Sie in der Karte wieder.
Folgende Preiskategorien (unverbindlich, zur Vorauswahl) haben wir für Sie ausgewählt: I bis 30€, II 31-50€, III 51-70€, IV >70€ (Preis pro Übernachtung, eine Person im Doppelzimmer).

Arnsberg

- SGV Jugendhof, Hasenwinkel 4, Tel. 0 29 31 / 52 48 25, wwww.sgv.de, Kat.II 1
- Hotel Zum Landsberger Hof, Alter Markt 18, Tel. 0 29 31 / 8 90 20, www.landsberger-hof.de, Kat IV 2
- Gasthof 1820, Neumarkt 6, Tel. 02931 / 5327975, post@gasthof1820.de 3
- Hotel Menge, Ruhrstr. 60, Tel. 0 29 31 / 5 25 20, www.hotel-menge.de Kat III 4
- Hotel Zur Linde, Ruhrstr. 41, Tel. 0 29 31 / 34 02, www.zur-linde-arnsberg.de Kat II 5
- Ratskeller, Alter Markt 36, Tel. 0 29 31 / 36 72, www.ratskeller-arnsberg.de Kat II 6
- Privat - Pension Wiesehoff, Brückenplatz 18, Tel. 02931 / 13888 7
- Hotel-Restaurant Gambrinus, Gutenbergplatz 40, Tel. 02931 / 16533, info@gambrinus-arnsberg.de 8
- Kremers Freiräume, Tannenweg 1, alexandra-heiland@t-online.de 9
- Pension Becker, Glösinger Str. 25, Tel. 0 29 37 / 4 03, www.privat-pension-becker.de Kat. I 10

Arnsberg-Neheim

- NEHEIMER-GÄSTEHAUS, Alter Holzweg 56, Tel. 02932 / 806870, neheimer-gaestehaus@live.de 11
- PeMü – Hotel + Gastronomie, Mendener Str. 34, Tel. 0 29 32 / 9 00 48 56, pemue-neheim.de, Kat. IV 12
- Dorint Hotel & Sportresort Arnsberg / Sauerland, Zu den drei Bänken, Tel. 02932 / 2001, info.arnsberg@dorint.com 13
- Rodelhaus Hotel & Gastro GmbH, Zu den Drei Bänken 1, Tel. 02932 / 97040, info@rodelhaus.de 14

Arnsberg - Oeventrop

- Alter Gasthof Dicke, Glösinger Str. 1, Tel. 02937 / 6978, hendrik.keur@googlemail.com 15

Arnsberg - Rumbeck

- Landgasthof Hoffmann, Mescheder Str. 80, Tel. 02931 / 13048, info@landgasthof-hoffmann.de 16

Attendorn

- Hanse-Hotel, Finnentroper Str. 26, Tel. 0 27 22 / 6 38 00, www.hansehotel-attendorn.de, Kat. IV 17

Bestwig - Velmede

- Gasthof Sauerwald, Gartenstr. 9, Bestwig - Velmede, Tel. 02904 / 2201, info@gasthofsauerwald.de 18

Bestwig

- Gasthof - Restaurant Hengsbach, Bundesstr. 126, Tel. 02904 / 2510, bernhard.hengsbach@t-online.de 19
- Bergkloster Bestwig, Bergkloster 1, Tel. 0 29 04 / 8 08 -2 94, www.smmp.de, Kat. I 20

Bestwig - Ostwig

- Flair-Hotel Nieder, Hauptstr. 19, Tel. 02904 / 97100, mail@hotel-nieder.de 21

Brilon

- Hotel am Kurpark Brilon, Hellehohlweg 40, Tel. 02961/ 9830, info@hotelamkurpark-brilon.de 22
- Landgasthof Gruß, Am Hängeberg 1, Tel. 02961 / 2226, info@landgasthof-gruss.de 23

Drolshagen - Frenkhausen

- Gasthof "Zum Hobel", Biggeseestr. 4, Tel. 02761 / 2582, kontakt@gasthof-zum-hobel.de 24

Eslohe

- Landhotel Sauerländer Hof, Südstr. 35 (Wenholthausen), Tel. 0 29 73 / 9 79 60, www.sauerlaender-hof.com, Kat. II 25
- Forellenhof Poggel, Homertstr. 21, Tel. 0 29 73 / 9 71 80, www.forellenhof-poggel.de, Kat II 26
- Hotel Haus Hochstein, Südstr. 6 (Wenholthausen), Tel. 0 29 73 / 9 71 10, www.haus-hochstein.de, Kat. III 27
- Landgasthof Seemer, Südstr. 4 (Wenholthausen), Tel. 0 29 73 / 5 70, www.seemer.de, Kat. III 28

Eslohe - Reiste

- Landgasthof Reinert, Mescheder Str. 31, Tel. 02973 / 3201, info@landgasthof-reinert.de 29

Kirchen

- Jugendherberge Freusburg, Burgstr. 46 (Freusburg), Tel. 0 27 41 / 6 10 94, www.djh-wl.de/freusburg, Kat. II 30

Lennestadt

- Landhaus im Grund, Zum Grund 23 (Kickenbach), Tel. 0 27 23 / 9 15 00, www.im-grund.de, Kat. II 31
- Pension Möser, Auf der Jenseite 13, Tel. 0 27 23 / 8 02 00, www.pension-moeser.de, Kat. I 32

Meschede

- von Korff's rest & relax hotel, Le-Puy-Str. 19, Tel. 02 91 / 99 14-0, www.hotelvonkorff.de, Kat. III 33
- Bed & Breakfest Schlüter, Am scharfen Stein 12, Tel. 02 91 / 9 80 97 13, www.ruhrtalunterkunftmeschede.de, Kat. I 34
- Hotel Pension Abshoff, Loirestr. 2, Tel. 02 91 / 5 18 35, www.hotelabshoff.de, Kat. II 35
- Benediktinerabtei Königsmünster, Klosterberg 11, Tel. 02 91 / 2 99 52 10, www.koenigsmuenster.de, Kat. II 36
- Landhof Grewen Mühle, Auf'n Mühlenwiesen 18 (Calle), Tel. 02 91 / 77 40, www.grewen-muehle.de, Kat. II 37
- Hotel & Restaurant Luckai, Christine-Koch-Str. 11 (Freienohl), Tel. 0 29 03 / 9 75 20, www.hotel-lukai.de, Kat. III 38
- Gasthof Hochstein, Im Westhof 15 (Wehrstapel), Tel. 02 91 / 5 05 23, www.gasthof-hochstein.de, Kat. II 39
- Welcome Hotel Meschede/Hennesee, Am Hennesee 4, Tel. 0291 / 200 00, info.mes@welcome-hotels.coml 40
- Hennedamm - Hotel, Am Stadtpark 6, Tel. 0291 / 99600, info@hennedamm-hotel.de 41
- Gasthof Dickel, Am Hübbelsberg 1, Tel. 0291 / 6523, hotel@dickel.de 42
- KNAUS Campingpark Hennesee/Meschede, Mielinghausen 7, Tel. 0291 / 952720, info@knauscamp.de 43

Meschede - Freienohl

- Haus Küppelblick, Christine-Koch-Str. 6, Tel. 0152 / 01986504, HausKueppelblick@web.de 44

Möhnesee

- Gästehaus Schlüter, Im Grünen Winkel 10 (Körbecke), Tel. 0 29 24 / 55 86, www.gaesterhaus-schlueter.com, Kat. II 45
- Jugendherberge Möhnesee, Südufer 20 (Körbecke), Tel. 0 29 24 / 3 05, www.djh-wl.de/moehnesee, Kat. II 46
- Gasthof – Pension Schulte, Thingstr. 6 (Theiningsen), Tel. 0 29 24 / 3 49, www.gasthof-schulte-moehnesee.de, Kat. II 47

Möhnesee - Körbecke

- FORSTHAUS am Möhnesee, Südufer 28, Tel. 02924 / 9707600, www.sforsthaus.de, Kat. IV 48

Olpe

- Jugendherberge Biggesee, Zur Jugendherberge/ Stader Str. (Stade), Tel. 0 27 61 / 67 75, www.djh-wl.de/biggesee, Kat. II 49

Rüthen

- Jugendherberge Rüthen, Am Rabenknapp 4, Tel. 0 29 52 / 4 83, www.djh-wl.de/ruethen, Kat. I 50

Schmallenberg

- Hotel Stoffels, Weststr. 29, Tel. 0 29 72 / 59 30, www.hotel-stoffels.de, Kat. II 51

Schmallenberg - Holthausen

- Landgasthof Vollmer-König, Hochstr. 1, Tel. 02974 / 321, biker@vollmer-koenig.de 52

Soest

- Jugendherberge Soest, Kaiser-Friedrich-Platz 2, Tel. 0 29 21 / 1 62 83, www.djh-wl.de/soest, Kat. II, 53
- Bed & Breakfast AlmaViva Soest, Arnsberger Str. 3, Tel. 0 29 21 / 66 64 46, www.almaviva.org, Kat. II 54
- Hotel Gellermann, Konrad-Stecke Weg 8, Tel. 0 29 21 / 5 90 11 90, www.hotel-gellermann.de, Kat. III 55
- DECK 8 DESIGNHOTEL.SOEST, Werkstr. 8, Tel. 02921 / 3394040, kontakt@deck8-hotel.de 56

Impressum

2. Auflage 2021

www.fahrrad-buecher-karten.de

Herausgeber: BVA BikeMedia GmbH, Bielefeld

Titelfoto: © Radwerkstatt, Dennis Stratmann

Fotos: Bernhard Lubeley sowie Sauerland-Radwelt, Dennis Stratmann (Titelbild, S. 1, 10, 22, 70, 73, 83, 86, 90), Sauerland-Radwelt, Manfred Stromberg (S. 18, 25, 26, 57), Hennesee-Tourismus (S. 30), Hennesee-Tourismus Foto Bergkloster (S. 32), Stadt-Marketing Meschede, Steffi Schröder (S. 43,46), Carsten Engel (S. 51), Matthias Böhm (S. 54), Attendorner Tropfsteinhöhle (S. 74), Olpe Aktiv e.V. (S. 88), Stadt Freudenberg (S. 91), Andreas Hof (S. 93), Olpe Aktiv e.V. / Foto: Volker Schneider (S. 94), IG-Bw-Dieringhausen (97)

Texte: Bernhard Lubeley und Daniel Wegerich

Gestaltung: Krückemeier Medien, Bielefeld

ISBN: 978-3-96990-036-9

Die neuen ADFC-Radausflugsführer …
Entdecken Sie Deutschlands beliebteste Radelregionen!
wetterfest reißfest
GPS-Tracks Download
Erhältlich im Buchhandel oder direkt beim Verlag:
BVA BikeMedia
Niederwall 53, 33602 Bielefeld
Tel. 0521/59 55 40, Fax 0521/59 55 59
www.fahrrad-buecher-karten.de
BVA
BikeMedia
Alte Salzstraße / Herzogtum Lauenburg
Bergische Bahntrassen
Rund um München
Münsterland
Nordeifel
Ostfriesland West
Ostseeküste Mecklenburg-Vorpommern Ost
Ostseeküste Mecklenburg-Vorpommern West
Ruhrgebiet Ost
Ruhrgebiet West
Die ADFC-Radausflugsführer sind offizielle Radführer des:
adfc
Allgemeiner Deutscher Fahrrad-Club